Andrew Wommack

Wie man auf dem Wasser geht

Wie man auf dem Wasser geht

Lektionen im Glauben

Andrew Wommack

Grace today Verlag

Originally published in the USA by

How to Become a Water Walker

Die englischsprachige Originalausgabe erschien im Verlag *Harrison House Publishers* unter dem Titel *How to Become a Water Walker* Copyright © 2015 by Andrew Wommack Ministries. This translation of How to Become a Water Walker is published by arrangement with Harrison House.

Die Deutsche Nationalbibliothek verzeichnet diese Publikation in der Deutschen Nationalbibliografie; detaillierte bibliografische Daten sind im Internet über https://dnb.de abrufbar.

Bibelzitate, sofern nicht anders angegeben, wurden der Schlachter Bibelübersetzung entnommen. Bibeltext der Schlachter, © 2000 Genfer Bibelgesellschaft. Alle Rechte vorbehalten. Alle Bibelübersetzungen wurden mit freundlicher Genehmigung der Verlage verwendet. Hervorhebungen einzelner Wörter oder Passagen innerhalb von Bibelzitaten wurden vom Autor vorgenommen.
ELB *Revidierte Elberfelder Bibel,* © 2006 SCM R.Brockhaus, Witten.

Zitate aus den folgenden Bibeln wurden aus dem Englischen übersetzt:
KJV *King James Version.*

Umschlaggestaltung: Harrison House Publishers
Corporate Design: spoon design, Olaf Johannson
Übersetzung: Katharina Plattner
Lektorat: Cornelia Tietze
Korrektorat: Thilo Niepel
Satz: Grace today Verlag
Druck: CPI – Clausen & Bosse, Leck
Printed in Germany

1. Auflage 2021

Paperback: ISBN 978-3-95933-210-1, Bestellnummer 372210
E-Book: ISBN 978-3-95933-211-8, Bestellnummer 372211

www.gracetoday.de

INHALT

EINFÜHRUNG

Jeder von uns erlebt Situationen, in denen es so scheint, als würden sie uns umbringen, sodass wir ein Wunder von Gott brauchen. Wenn dies im Moment nicht auf dich zutrifft, dann warte ab, es wird noch kommen! Wenn du möchtest, dass dein Leben für Gott zählt, wirst du in einen Sturm hineingeraten, der dich umbringen könnte, bevor du dein Ziel erreichst. Wir haben einen übernatürlichen Gott und wenn du ihm wirklich zur Verfügung stehst, dann wird er dich leiten, Dinge zu tun, die weit über deine eigenen natürlichen Fähigkeiten hinausgehen. Wenn du daher wahrhaftig Gott suchst, solltest du ein Ziel haben, nach dem du dich im Glauben an ihn ausstreckst.

Praktisch ist es das, was Petrus und die Jünger in Matthäus 14 taten. Sie befanden sich in einer gefährlichen Situation, und sie benötigten ein Wunder. Und so ist Petrus aus dem Boot gestiegen und ging auf dem Wasser. Er tat etwas, das – außer Jesus – niemand in der ganzen Weltgeschichte je getan hat!

Diese Geschichte ist voller Lehren für uns heute. Petrus' Beispiel zeigt uns die Bedeutung von Gottes Wort, was wir tun können, um unseren Glauben aufrechtzuerhalten, wenn wir einmal aus dem Boot gestiegen sind, wie wir uns vor dem Sinken schützen können und noch vieles mehr. Wenn du die in diesem Buch enthaltenen Wahrheiten anwendest, wirst du die Art und Weise, wie du von Gott empfängst, radikal verbessern.

Diese Lektionen über Glauben sind nicht nur für die Super-Geistlichen – es handelt sich vielmehr um das christliche Einmaleins! Obwohl Gott sich wünscht, dass jeder Gläubige auf dem Wasser geht, tun es nur wenige. Statt ihm in Bezug auf ein Wunder zu vertrauen, klammern sich die meisten Christen ans Boot und suchen dort ihre Sicherheit. Auch wenn das Boot schnell sinkt, so haben sie wenigstens etwas Gesellschaft. Angesichts der anderen, die mit der gleichen Geschwindigkeit untergehen, trösten sie sich mit dem Gedanken: *Wir sitzen alle im selben Boot!*

Sei nicht mit dem zufrieden, was die Welt tut. Gott beruft uns zu einem höheren Lebensstandard. Lasst uns im Glauben voranschreiten und auf dem Wasser gehen! So werden wir größere Wunder sehen als je zuvor!

KAPITEL 1

Der Herr sprach

In Matthäus Kapitel 14 kannst du lesen, wie Jesus 5000 Männer mit fünf Broten und zwei Fischen gespeist hat. Wenn man die Frauen und Kinder hinzuzählt, könnten es im Ganzen zehn-, fünfzehn oder gar zwanzigtausend Menschen gewesen sein! Dann, unmittelbar nach diesem Wunder …

> *… **nötigte Jesus seine Jünger, in das Schiff zu steigen und vor ihm ans jenseitige Ufer zu fahren**, bis er die Volksmenge entlassen hätte. Und nachdem er die Menge entlassen hatte, stieg er auf den Berg, um abseits zu beten; und als es Abend geworden war, war er dort allein. Das Schiff aber war schon mitten auf dem See und litt Not von den Wellen; denn der Wind stand ihnen entgegen. — Matthäus 14,22–24*

Beachte, dass das Wort sagt, dass Jesus die Jünger nötigte (zwang), mit dem Boot auf die andere Seite zu fahren. Er hat ihnen nicht gesagt, dass sie nur die halbe Strecke zurücklegen und dann ertrinken sollen. Das ist wichtig!

Gottes Wort

Diese Worte, zum anderen Ufer zu fahren, wurden vom Schöpfer gesprochen (Kol 1,16). Jesus hat diesen See mit seinen Worten in Existenz gesprochen. All seine Worte tragen dieselbe kreative Kraft. Wenn der Herr etwas sagt, hat das seinen Grund. Er verschwendet nie seinen Atem. Er spricht nie ein nutzloses Wort. Falls der Herr dir je etwas gesagt hat, dann hat er auch wirklich alles genau so gemeint. Alles, was Gott sagt, ist bedeutungsvoll!

Diese Jünger dachten nicht darüber nach, wer derjenige war, der ihnen das aufgetragen hatte.

> *Im Anfang war das Wort, und das Wort war bei Gott, und das Wort war Gott. … Alles ist durch dasselbe entstanden; und ohne dasselbe ist auch nicht eines entstanden, was entstanden ist. — Johannes 1,1.3*

Weiter heißt es dort, dass Jesus dieses Wort war.

Gott sprach alles in Existenz, und er hat dies durch Jesus getan. Der Herr …

> *… **trägt** alle Dinge durch das Wort seiner Kraft.*
> *— Hebräer 1,3*

Die ganze Welt wird zusammengehalten durch die Integrität seines Wortes …

> *… und alles hat seinen Bestand in ihm. — Kolosser 1,17*

Der Gott, der alles Physische geschaffen hat – auch den Wind, die Wellen und das Wasser, auf die sie treffen würden –, war Jesus. Jesus war die Ursprungskraft, und er sagte: »Steigt in das Schiff und fahrt ans andere Ufer!« Offensichtlich verstanden die Jünger nicht, mit wem sie es zu tun hatten.

Von den Umständen überwältigt

Die Jünger hatten einen flüchtigen Eindruck davon gewonnen, wer Jesus war, aber es war ihnen nicht ständig bewusst. Auch wenn Petrus einige Kapitel vorher proklamiert hatte: »Du bist der Christus, der Sohn des lebendigen Gottes!« (Mt 16,16), dachte er jetzt nicht so. Tatsächlich sagt die Bibel sogar, dass sie schockiert waren, Jesus auf dem Wasser wandeln zu sehen, weil ihre Herzen verhärtet waren. Sie bedachten das Wunder nicht, das sie unmittelbar vorher miterlebt hatten, sie dachten nicht mehr daran, sie meditierten nicht darüber.

> *Denn sie waren grenzenlos erstaunt und wunderten sich sehr. Denn sie bedachten das Wunder der Brote nicht, weil ihre Herzen verhärtet waren. — Markus 6,51–52 KJV*

Wenn sie wirklich bedacht hätten, wer Jesus war und was er ihnen aufgetragen hatte, dann wären sie nicht so erstaunt gewesen. Dieser Mann hatte vor kurzem mit fünf Broten und zwei Fischen fast 20.000 Menschen gespeist. Und nicht nur das! Es blieb mehr übrig, nachdem alle gegessen hatten, als er am Anfang zur Verfügung hatte. Wenn die Jünger sich auf dieses Wunder konzentriert hätten, wären sie nicht schockiert gewesen, als Jesus ein weiteres Wunder vollbrachte. Sie hätten es sogar erwartet. Oder sie hätten Jesu Worte nehmen, sie glauben und dann dem Sturm gebieten oder auf dem Wasser zum anderen Ufer gehen können. Genau das wollte der Herr von ihnen.

Mitten im Sturm hätten die Jünger dem Wort des Herrn vertrauen und sich sagen können: »Er hat uns nicht aufgefordert, zur Mitte des Sees zu fahren und den Untergang zu riskieren!« Die Jünger hatten zuvor schon gesehen, wie Jesus dem Wind und den

Wellen geboten hatte, sich zu legen (Mk 4,39). Sie hätten dieses Beispiel gebrauchen und ihren Glauben anwenden können, um den gegenwärtigen Sturm zu stillen, so wie sie es zuvor Jesus hatten tun sehen.

Vielleicht sagst du: »Aber, Andrew, dies war ein wirklich starker Sturm!« Die meisten Leute würden die Jünger entschuldigen und sich voll und ganz auf ihre Seite stellen. Aber sie waren nicht die Jünger von einem, der nur ein Mensch war, und die Instruktionen, die sie erhalten hatten, sich zum anderen Ufer zu begeben, waren nicht nur machtlose Worte. Sie hatten erhalten, was sie benötigten, um die gegebenen Instruktionen zu erfüllen. Sie fielen einfach ins natürliche Denken zurück und vergaßen all die übernatürlichen Lektionen, die sie an diesem Tag gelernt hatten.

Der See Genezareth ist nur 13 km breit und 21 km lang. Ich war schon mal dort. Wir fuhren in einem Touristenboot, welches »Das Jesusboot« hieß, aufs Wasser hinaus, wo ich dann über die in den Evangelien überlieferten Ereignisse lehrte, die dort geschehen sind. Das hat Spaß gemacht! Trotzdem, der See Genezareth ist kein großer See und das Ziel der Jünger war nur etwa 6,5 km entfernt.

»Warum fürchtet ihr euch?«

Die Jünger gingen aufs Boot und setzten gegen Sonnenuntergang vom Strand ab, das heißt ungefähr zwischen sechs und acht Uhr abends (Mk 6,47). Es war jedoch die »4. Nachtwache« – irgendwann zwischen 3 und 6 Uhr morgens –, als Jesus zu ihnen kam (Mk 6,48). In 7 bis 12 Stunden waren sie gerade mal 3 Kilometer weit gekommen, was normalerweise eine Stunde gedauert hätte. Die meisten würden sagen: »Du kannst ihnen keinen Vorwurf machen! Die Winde waren wirklich heftig!« Aber nochmal: So denken wir nur, weil wir den physischen, natürlichen Dingen mehr Bedeutung beimessen als dem Gott, dem wir dienen.

Als der Herr hier mit den Jüngern redete, lobte er sie nicht oder sagte: »Jungs, es tut mir leid. Es ist mein Fehler. Ich hätte euch nicht allein auf dem See lassen sollen. Ich bin dafür verantwortlich. Ich hätte da sein und etwas tun sollen.« Nein, so reagierte der Herr nicht. Er erwartete von ihnen, dass sie es besser gemacht hätten. Er erwartete, dass sie es bis zum anderen Ufer schaffen würden, wie er es ihnen geboten hatte. Ebenso glaube ich, dass der Herr von den meisten von uns erwartet, dass wir besser handeln, als wir es tun. Wir haben seine Zusagen. Wir glauben nur einfach nicht an sie.

Viele Leute identifizieren sich mit den Jüngern und sagen: »Ich verstehe genau, wie sie sich fühlten. Es ist schwierig, inmitten eines Sturmes im Glauben zu bleiben!« Auch wenn der Herr dies versteht und Mitgefühl hat, ist dieses Verhalten nicht normal. Es mag vielleicht für jene, die nicht an Gott glauben, normal sein, aber es ist nicht das normale christliche Leben.

Wir müssen erkennen, wem wir dienen, würdigen, was er bereits getan hat, und uns ganz auf den Auftrag konzentrieren, den er uns gegeben hat. Gott hat dich nicht dazu berufen, den Kampf zu verlieren und ein Versager zu sein. Gott hat uns nicht dazu berufen, an einer Krankheit zu sterben, oder in solcher Armut zu leben, dass wir seinen Willen nicht erfüllen können. Gott hat uns zu Weltüberwindern gemacht (1Joh 5,4)! Wir müssen beginnen, über die Verheißungen und die Worte, die Gott zu uns gesprochen hat, nachzudenken, zu meditieren. Anstatt von unseren Problemen überwältigt zu werden, können wir unsere Probleme mit seinen Zusagen überwinden.

Als Jesus mit seinen Jüngern sprach, sagte er ihnen nicht: »Fahrt nur ein Stück weit auf den See hinaus. Wenn es absolut ruhig ist, schafft ihr es vielleicht ans andere Ufer. Aber wenn ein Sturm aufkommt, dann war es das!« Jesus befahl ihnen stattdessen, ins Boot zu steigen und zur anderen Seite zu fahren. Sie hatten ein Wort von Gott, dem Schöpfer, erhalten und wenn sie ihren uneingeschränkten Glauben darauf gesetzt hätten, hätten sie angesichts des Sturmes standhaft bleiben und ihm trotzen können. Sie hätten auf dem Wasser gehen können wie Jesus und Petrus!

Gehst du volles Risiko oder lieber auf Nummer sicher?

Die Begebenheit, bei der Jesus auf dem Wasser zu seinen Jüngern schritt, wird in drei Evangelien erwähnt (Mt 14,22–33, Mk 6,45–52 und Joh 6,15–21). Johannes 6 zeigt uns noch ein wichtiges Detail:

> *Da wollten sie ihn [Jesus] bereitwillig auf das Schiff lassen, und sogleich war das Schiff am Land, wohin sie fahren wollten. — Johannes 6,21*

Die Jünger und Jesus wurden etwa drei Kilometer auf die andere Seite übergesetzt! Welch ein Wunder! Das Boot und alle Insassen wurden augenblicklich an den Ort versetzt, zu welchem Jesus sie gesandt hatte. Es ist sehr gut möglich, dass ihnen dasselbe passiert wäre, noch bevor Jesus am Ort des Geschehens auftauchte – wenn sie im Glauben standgehalten hätten.

Wenn Gott uns befiehlt, etwas zu tun, muss alles in der Schöpfung das Knie beugen vor dem, was er sagt. Der einzige Grund, warum das für uns nicht geschieht, ist, dass nur wenige wirklich glauben. Wir werden von den Stürmen des Lebens überwältigt. Wenn wir die richtige Einstellung zum Glauben hätten, würden wir andere Erfahrungen machen. Wenn die Jünger ein anderes Verhalten gezeigt hätten, hätten sie etwas komplett anderes erlebt.

> *Das Schiff aber war schon mitten auf dem See und litt Not von den Wellen; denn der Wind stand ihnen entgegen.*
> *— Matthäus 14,24*

Es gibt Zeiten, da trägt Gott uns auf, Dinge zu tun, die gegen unsere Natur sind. Gott lebt im übernatürlichen Raum. Wenn wir ihm wirklich folgen, werden auch wir uns dort aufhalten. Wenn wir nicht *übernatürlich* sind, dann sind wir nur *oberflächlich*. Der Herr will, dass wir mit ihm in den grenzenlosen, übernatürlichen Raum übergehen.

Der Herr hat dir vielleicht Dinge aufs Herz gelegt, die absolut unmöglich erscheinen. Der Wind, die Wellen und die Stürme des Lebens stehen dir entgegen, und es sieht so aus, als würdest du ertrinken. Anstatt den Willen Gottes zu erfüllen, scheint es, als würdest du beim Versuch, ihn zu erfüllen, sterben. Falls du noch nie in einer solchen Situation warst, in der dir scheinbar alles über den Kopf wächst, dann möglicherweise deshalb, weil du auf Nummer sicher gehst. Wer die besten Früchte ernten will, muss auf den Baum steigen. Verlass das Boot und fang an, auf dem Wasser zu gehen!

KAPITEL 2

Er wäre an ihnen vorbeigegangen

Aber um die vierte Nachtwache kam Jesus zu ihnen und ging auf dem See. Und als ihn die Jünger auf dem See gehen sahen, erschraken sie und sprachen: Es ist ein Gespenst!, und schrien vor Furcht. — Matthäus 14,25–26

Beachte, wie es im Markusevangelium beschrieben ist:

Und er sah, dass sie beim Rudern Not litten, denn der Wind stand ihnen entgegen. Und um die vierte Nachtwache kommt er zu ihnen, auf dem See gehend, und ***er wollte bei ihnen vorübergehen****. — Markus 6,48*

Jesus betete auf einem Berg, von dem er den See Genezareth überblicken konnte. Er war in demselben Sturm; er wusste, was los war. Es ist nicht so, dass ihm die Not der Jünger gleichgültig war. Der Herr wusste genau, was sie durchmachen mussten, weil er dieselbe Situation schon durchlebt hat. Er war sich ihres Problems zu 100 Prozent bewusst.

Man kann also durchaus annehmen, dass Jesus vom Berg herunterkam und auf dem Wasser zu wandeln begann, um seine Jünger zu retten. Aber obwohl er sich näherte, um ihnen zu helfen, tat er so, als »wollte [er] bei ihnen vorübergehen« (Mk 6,48). Mit anderen Worten: Obwohl es klar zu sein scheint, dass der Herr den Jüngern zu Hilfe kam, sich ihnen zeigte und sogar nahe genug kam, dass sie ihn sehen konnten, sagt die Bibel doch deutlich, dass er an ihnen vorbeigegangen wäre.

Überleg mal! Es scheint offensichtlich, dass er kam, um ihnen zu helfen. Und doch rannte er nicht einfach dort hinaus, wedelte mit den Armen und brüllte: »He Jungs, keine Panik! Ich bin's! Ich rette euch!« Der Herr hat sich ihnen offenbart, aber es war an ihnen, ihn im Glauben anzurufen. Sie sollten sich nach seiner wunderwirkenden Kraft ausstrecken und sie für sich in Anspruch nehmen. Er offenbarte sich ihnen, aber sie mussten sich das, was er in sich trug, zunutze machen, um dieses Wunder empfangen zu können.

Die Verantwortung der Jünger, im Glauben auf die Gegenwart Jesu zu reagieren, ist eine perfekte Parallele dazu, wie Gott uns heute Wunder schenkt. Es spielt keine Rolle, wie deine Situation aussieht; Gott weiß, was du durchmachst und er empfindet genau wie du. Jesus ist in unseren Umständen bei uns. Unsere Aufgabe ist es, im Glauben auf seine Gegenwart hin zu handeln.

Gott weiß Bescheid

Als Saulus dem Herrn auf dem Weg nach Damaskus begegnete, rief ihm Jesus zu und sagte: »Saul! Saul! Warum verfolgst du mich?« (Apg 9,4).

Saulus hatte Jesus nie persönlich verfolgt, als dieser physisch auf Erden wandelte. Er hat vielmehr diejenigen, die Jesus nach seiner Wiederauferstehung folgten, verfolgt. Dies zeigt uns, wie persönlich unser Herr die Dinge nimmt. Was auch immer du einem der Glieder des Leibes Christi antust, tust du ihm an.

Was ihr einem dieser meiner geringsten Brüder getan habt, das habt ihr ***mir*** *getan! — Matthäus 25,40*

Der Herr weiß, was du durchmachst. Er kennt deine Situation – jedes Gefühl, jeden Schmerz, jede Not. Vielleicht denkst du manchmal: *Niemand weiß, welche Schwierigkeiten ich habe,* und du meinst, du musst es Gott erklären. Doch das Wort sagt:

… euer Vater weiß, was ihr benötigt, ehe ihr ihn bittet. — Matthäus 6,8

»Kommt mutig«

Der Herr wurde bereits dadurch berührt, dass er unsere Schwächen spürt. Er weiß genau, was du durchmachst, und wird sich dir offenbaren (Hebr 4,15). Er wird dich nicht aufgeben und dich niemals verlassen (Hebr 13,5). Gott ist mit dir, um dich aus jeder Situation, in der du dich befindest, zu befreien. Aber genau wie er seinen Jüngern erschien und an ihnen vorbeigegangen wäre, musst du seine Kraft in Anspruch nehmen. Es liegt an dir.

Kommt mutig zum Thron der Gnade, damit ihr Barmherzigkeit erlangt und Gnade findet zur Hilfe in der Not. — Hebräer 4,16 KJV

Aus Verzweiflung und Selbstmitleid zu rufen: »Gott, liebst du mich denn nicht? Wo bist du? Gibt es dich wirklich? Kümmerst du dich um mich?«, stellt keine Forderung an Gott. Wenn überhaupt, dann bindet es seine Hände, weil du an seinem Wort zweifelst. Du zweifelst an seiner Zusage, dass er dich nicht aufgeben und niemals verlassen wird (Hebr 13,5).

Falls die Jünger dachten, sie würden sterben, dann zweifelten sie an Gottes Wort. Jesus befahl ihnen, ins Boot zu steigen und zur anderen Seite zu fahren. Er sagte nicht: »Steigt ins Boot und ertrinkt beim Versuch zur anderen Seite zu gelangen.« Sie zweifelten an seinem Wort. Sie waren sich nicht bewusst, wie mächtig die Zusicherung war, die er ihnen gegeben hatte.

Wir können nur darüber spekulieren, warum die Jünger nicht im Glauben nach Jesus riefen. Es scheint, dass er zu ihren Gunsten eingeschritten ist, ohne jegliche Glaubensreaktion von ihrer Seite. Das Wort sagt, »er wollte bei ihnen vorbeigehen« (Mk 6,48). Es ist möglich, dass sie hätten sterben können, wenn der Herr nicht eingegriffen und sie gerettet hätte.

Leute treffen Entscheidungen

Leute, die an einer extremen »Souveränität Gottes«-Lehre festhalten, regen sich über diese Wahrheit ziemlich auf. Sie sagen: »Nichts kann geschehen, ohne dass es Gott will oder erlaubt. Er inszeniert alles perfekt nach seinem Plan.« Falsch! Gottes Wort ist übervoll von Beispielen, die dieser falschen Annahme widersprechen.

Gott wünscht …

… dir in allen Dingen Wohlergehen und Gesundheit, so wie es deiner Seele wohlgeht! — 3. Johannes 1,2

Dennoch leiden Menschen an Armut und sterben ständig an Schwächen und Krankheiten. Ebenso wenig will der Herr …

... dass jemand verloren gehe, sondern dass ***jedermann*** *Raum zur Buße habe. — 2. Petrus 3,9*

Jesus selbst sagte jedoch, dass viele durch die breite Pforte, die ins Verderben führt, verloren gehen und nur wenige durch die enge Pforte zum ewigen Leben eingehen würden (Mt 7,13–14). Gottes Wille geschieht nicht »automatisch«. Was er *möchte* und was er *verfügt*, kann vereitelt werden.

Komm hier jetzt aber nicht durcheinander. Ich spreche vom Willen Gottes für das Leben des Einzelnen. Gott ist so weise und so großartig; wenn Satan seinen allumfassenden Plan in einer Weise blockiert, dann wird der Herr eine andere Person finden und schließlich seinen Willen auf eine andere Weise vollenden. Daran zweifle ich überhaupt nicht! Aber für sich betrachtet sterben Leute, ohne dass Gott dies wollte. Es ist Gottes Wille für sie, geheilt zu sein, aber aus dem einem oder anderen Grund empfangen sie die Heilung nicht, die er schon bereitgestellt hat. Gott will nicht, dass es Kriege, Kummer, Tragödien, Scheidung etc. gibt. Er ist nicht derjenige, der diese Dinge geschehen lässt. Solche Entscheidungen werden von Menschen getroffen.

Glaube Gott

Jesus offenbarte sich den Jüngern; er war da und seine Macht war bereit. Doch weil sie nicht positiv auf ihn reagierten und seine übernatürlichen Fähigkeiten nicht in irgendeiner Weise in Anspruch nahmen, ist es möglich, dass sie ertrunken wären.

Vielleicht bist du in einer Krisensituation und brauchst Gottes unmittelbares Eingreifen. Vielleicht bittest und bettelst du, aber wenn du dich nicht im Glauben ausstreckst, ertrinkst du vielleicht.

Du musst auf positive Weise auf Gottes Wort reagieren, sodass es lebendig wird und sich in deinem Innern erhebt. Wenn du Gott nicht glaubst, geht er vielleicht an dir vorbei. Du bist nicht automatisch auf der Siegerseite. Du musst Gott glauben! Zur Vertiefung dieses Themas sei auf meine Lehreinheiten »Die Souveränität Gottes«, »Gott ist nicht schuldig« und »Geistliche Autorität« verwiesen.

KAPITEL 3

Sei guten Mutes

Als sie ihn aber auf dem Wasser gehen sahen, meinten sie, es sei ein Gespenst und schrien. — Markus 6,49

Die Jünger konnten nicht fassen, dass Jesus genau auf dem wandelte, das dabei war, sie zu zerstören. Jesus war so entspannt und so beherrscht.

Wenn wir vom Sturm überwältigt sind, kann das dazu führen, dass wir den Herrn verpassen und seine übernatürliche Fähigkeit nicht beanspruchen. Wir können nicht glauben, dass genau die Sache, die uns überwältigt, für Gott kein Problem ist. Wir übersehen die Tatsache, dass er genau auf dem Problem umhergehen kann, das gerade dabei ist, uns zu ertränken. Oft erwarten wir, dass der Herr genauso besorgt und verunsichert ist wie wir. Wir denken, er schlägt die Hände über dem Kopf zusammen und sagt: »Das ist wirklich ein großes Problem!« Aber das wird nie die Reaktion des Herrn sein!

Es gibt Leute, die sagen: »O Mann, wir müssen beten! Wir brauchen viele Leute, die fasten und zusammen beten. Wir brauchen zwei-, drei- oder vierhundert Leute, die in dieser Gebetskette beten, weil dies so ein Riesenproblem ist! Falls Gott dieses Wunder vollbringt, wird das womöglich die Lichter im Himmel flackern lassen! Ich bin nicht sicher, dass er dies wirklich hinbekommt!« Sie mögen nicht diese Worte wählen, aber sie drücken dasselbe aus. Sie denken, Gott sei genauso überfordert wie sie.

Jesus geht auf dem Wasser – auf genau dem, was dich überfordert. Was auch immer deine Situation sein mag – sie ist kein Problem für den Herrn. Wirklich, es ist keine große Sache!

Kein Problem für Jesus

Das Einzige, was etwas zu einer großen Sache werden lässt, ist unser Unglaube. Wir neigen dazu, unsere Probleme unermesslich aufzublasen. Es würde dir aber guttun, die Dinge aus Gottes Perspektive zu sehen und festzustellen, dass es keine große Sache ist.

Jesus wandelte genau auf dem, was um die Jünger herum wütete, und sie dachten, sie sähen einen Geist (Mk 6,49). Mit anderen Worten, sie konnten einfach nicht glauben, dass dies Gott nicht störte. Sie konnten nicht glauben, dass er sich nicht wie sie abmühte. Die Jünger dachten wahrscheinlich: *Das muss eine Art Vision sein, die da auf uns zukommt. Das kann nicht real sein. Jesus kann doch nicht auf dem Wasser laufen. Das ist nicht normal. Das ist nicht natürlich!*

Gott ist nicht begrenzt, anders als wir es im physischen Bereich sind. Und doch denken wir oft, dass er eingeschränkt sei. Man hat mich schon gefragt: »Hast du je von jemandem gehört, der von Aids geheilt wurde? Ich habe schon gehört, dass Leute von Krebs geheilt wurden, aber nicht von Aids.« Nichts – absolut nichts – ist Gott unmöglich! Natürlich wird er mit Aids fertig! Aber wir denken: »Eine Million Euro, fünf Millionen Euro, die Abzahlung der Hypothek, das Autoleasing oder was auch immer. Das ist einfach zu gewaltig – sogar für Gott!« Wir gehen davon aus, dass es ihm etwa so geht: »He, ich kann das nicht in so kurzer Zeit bewerkstelligen. Ich brauche mehr Zeit, um es hinzubekommen!« Aber Gott ist nicht so. Er kann über alles, was uns zu zerstören droht, hinwegwandeln. Wir müssen uns daran gewöhnen, dass Gott übernatürlich ist!

Jedem macht das zu schaffen. Manchmal leben wir so sehr im Natürlichen, dass es so aussieht wie: »Gott, gibt es hieraus wirklich einen Ausweg?« Es gibt immer einen Ausweg – nichts ist zu schwierig für Gott. Was auch dein Problem ist, Jesus steht darüber. Er ist nicht darunter. Er geht nicht unter. Er steht darüber. Dies ist kein Problem für Jesus!

Geplagt?

… denn alle sahen ihn und wurden bestürzt. Er aber redete sogleich mit ihnen und spricht zu ihnen: Seid guten Mutes! Ich bin es. Fürchtet euch nicht! — Markus 6,50 ELB

Dieser Vers zeigt, wie Gott die vollkommene Kontrolle hat. Die Dinge, die dich plagen, plagen Gott nicht. Und wenn du dir aneignen würdest, was dir in Christus gehört, dann hättest du es auch nicht nötig, geplagt zu sein. Wirklich nicht! Warum? Jesus sagte:

Seid guten Mutes! Ich bin es. Fürchtet euch nicht! — Markus 6,50 ELB

Der Herr sprach zu Menschen, die dachten, sie würden ertrinken. Sie hätten in kürzester Zeit bis zum Hals im Wasser stehen können. Diese Männer waren Seeleute. Sie waren keine Männer, die schnell Angst bekamen. Es war nicht etwa so, dass sie sich fürchteten und in Panik geraten waren wegen etwas, was nicht wirklich eine ernste Situation darstellte. Mitten in dieser Krisensituation sagte ihnen Jesus: »Seid guten Mutes! Ich bin es. Fürchtet euch nicht!«

Gleicher Inhalt, nur eine andere Verpackung

Vielleicht befindest du dich jetzt gerade in einer Situation, in der du denkst, dass du dich nicht freuen kannst, bevor du nicht absolute Befreiung erfahren hast. Du kannst jedoch genau hier und jetzt, mittendrin zu dem Punkt gelangen, wo du frohen Mutes bist. »Aber, Andrew, du hast nicht durchgemacht, was ich gerade durchmache!« Auch wenn ich möglicherweise nicht genau in der gleichen Situation gewesen bin wie du, sagt die Bibel:

> *Keine Versuchung hat euch ergriffen als nur eine menschliche … — 1. Korinther 10,13* ELB

Wenn du denkst, deine Situation sei wie keine andere, dann liegst du falsch. Wenn du dich von der Ermutigung, die ich dir zu geben versuche, ausschließt, indem du sagst: »Meine Situation ist schlimmer als deine«, dann schließt du dich von den Antworten aus, die du zum Überwinden brauchst. Du befindest dich in einer, menschlich betrachtet, durchaus üblichen Situation.

Mir passiert genau das Gleiche – nur in anderer Aufmachung! Aber ich habe in meinem Leben immer wieder erlebt, dass man sich auch dann freuen kann, wenn es im Natürlichen keinen Grund zur Freude gibt, nur im Glauben. Du kannst dich freuen, auch wenn es keine Begründung, keine rationale Erklärung für irgendetwas gibt – außer deinem Glauben.

»Du bist ein guter Gott!«

Anfang März 2001 waren meine Frau und ich gerade von einer Auslandsflugreise zurückgekehrt. Wir kamen erst gegen Mitternacht ins Bett. Dann, um 4:15 Uhr morgens, rief mich mein ältester Sohn an und sagte: »Papa, es tut mir leid, dir dies sagen zu müssen, aber Peter [mein jüngster Sohn] ist tot.« Er erzählte mir, was geschehen war, und ich sagte: »Lass nicht zu, dass ihn irgendjemand anfasst, bis ich dort bin! Der erste Befund ist nicht der letzte Befund!«

Ich erzählte meiner Frau, was ich eben gehört hatte, und wir beteten. Wir befahlen Leben zurück in Peter hinein. Dann sprangen wir aus dem Bett und zogen uns an. Es dauerte etwa eine Stunde und fünfzehn Minuten, um von unserem Haus zum Krankenhaus in Colorado Springs zu fahren.

Unterwegs wusste ich nicht, was geschehen würde. Ich hatte gebetet, proklamiert und glaubte, dass Gott ein Wunder tun würde. Ich wusste, dass er für meinen jüngsten Sohn mehr hatte als das, was er bis jetzt erlebt hatte. Er lebte nicht in der Fülle Gottes. Ich wusste, dass es mehr für ihn gab, aber gleichzeitig können wir Dinge tun, die Gottes Plan in unserem Leben entgegenwirken. Also wusste ich nicht, was geschehen würde.

Nachdem Jamie und ich gebetet hatten, redeten wir nicht sehr viel, denn wir wollten nicht unsere Zweifel und unseren Unglauben aussprechen. Aber zum Schluss hielt ich es nicht mehr aus. Unglaube, Bedauern und Trauer fingen an, mich zu überwältigen. Also begann ich während der Fahrt einfach auszusprechen: »Gott, du bist ein guter Gott!« Genau wie der Herr in Markus 6,50 sagt, begann ich mich aufzumuntern und der Angst entgegenzusprechen, indem ich sagte: »Vater, du bist ein guter Gott! Ich möchte, dass du weißt – ob Peter lebt oder nicht, für mich bist du ein guter Gott. Du hast das nicht getan. Du hast es nicht verursacht.« Und ich fuhr fort, ihn zu loben und zu preisen.

Während ich dies tat, begann ich mich an Prophetien zu erinnern, die der Herr mir für meine Kinder gegeben hatte – Dinge, die noch nicht geschehen waren. Die Bibel sagt, dass man einen guten Kampf kämpfen kann mit den Weissagungen, die uns vorangegangen sind (1Tim 1,18) Also dachte ich: *Vater, wenn du dies prophezeit hast, dann muss er leben!* So fing ich einfach an, Gott zu preisen, und als wir dann in Colorado Springs ankamen, war ich aufgeregt und glücklich. Ich erwartete, dass etwas Wunderbares geschehen würde.

Der Glaube freut sich vorher

Peter war schon etwa fünf Stunden tot gewesen und sein Körper hatte schon schwarz verfärbte Stellen, aber als ich den Raum betrat, sagte mein ältester Sohn: »Papa, innerhalb von fünf bis zehn Minuten, nachdem ich mit dir telefoniert hatte, hat sich Peter einfach aufgesetzt!« Sie hatten schon ein Etikett an seinem Zeh befestigt. Er lag bereits nackt in einem Kühlfach. Sie hatten ihn schon für tot erklärt – aber er setzte sich auf!

Ich sprach mit dem Krankenpfleger und fragte ihn zweimal, ob Peter wirklich tot gewesen war. Er sagte mir: »Niemand kommt hier in diesem Zustand herein und geht lebendig wieder hinaus.«

»Also war er tot?«

»Falls das je wieder passiert, kommt er nur in einem Leichensack wieder hier raus!«

Ich denke, aus versicherungstechnischen Gründen wollten sie nicht sagen, dass Peter gestorben war. Ich habe kein medizinisches Dokument, das »beweisen« könnte, dass mein Sohn tot war, aber er war schon schwarz geworden und hatte seit fünf Stunden nicht mehr geatmet. Ich glaube, Gott hat ihn von den Toten auferweckt. Bevor jedoch die Situation geklärt war, pries ich schon Gott und war voller Freude!

Vielleicht bist du in derselben Situation, wie die Jünger es waren, als der Herr ihnen sagte, sie sollten voll frohen Mutes sein. Der Sturm wütete noch immer. Das Boot war vielleicht sogar am Sinken. Es sah so aus, als könnten sie ertrinken. Alles war immer noch so schlimm wie vorher, aber Jesus sagte: »Seid frohen Mutes. Ich bin es. Fürchtet euch nicht!«

Die meisten Menschen können sich nicht freuen, solange ihre Probleme nicht gelöst sind. Wenn alles gut ausgeht, dann sind sie frohen Mutes. Aber so funktioniert Glaube nicht. Du musst dann zu glauben beginnen, der Angst widerstehen und guten Mutes sein, wenn der Sturm noch wütet und das Schiff am Sinken ist. Und dann, danach, wirst du das Wunder sehen. Denke darüber nach. Wenn der Herr nichts anderes gewollt hätte, als dass seine Jünger frohen Mutes sein sollten, dann hätte er den See zuerst beruhigen können, und ihre Freude wäre sogleich da gewesen. Aber bevor er den Sturm stillte, sagte er ihnen, sie sollten guten Mutes sein. Das war deshalb so, weil sie im Glauben handeln sollten. Wahrscheinlich versuchte er, eine Glaubensantwort von ihnen zu erwirken. Dasselbe wünscht er sich heute von uns.

Jeder kann guten Mutes sein und Angst überwinden, sobald der Sturm sich legt und das Boot zum anderen Ufer übergesetzt ist, aber man braucht Glauben, um sich zu freuen, bevor man weiß, was am Ende herauskommt!

KAPITEL 4

Fürchte dich nicht!

Bist du in deinem Leben mitten in einem Sturm? Füllt sich dein Boot rasant mit Wasser? Fühlst du dich, als würdest du jeden Moment ertrinken? Falls ja, sagt dir Jesus gerade jetzt:

> *»Sei guten Mutes! Ich bin's. Fürchte dich nicht!«*
> *— nach Markus 6,50*

Wenn du diese Wahrheit wirklich verstehst, genügt dies, um dich zum Jubeln zu bringen! Das Wort Gottes wird lebendig werden und dich innerlich zum Aufstehen bringen. Und wenn du innerlich aufstehst, dann wirst du schlussendlich auch äußerlich aufstehen. Dann wirst du sehen, wie sich deine physischen Umstände ändern. Dann wirst du auf dem Wasser gehen!

Mitleid oder Glauben?

Ich redete einmal mit einem Mann in der Gemeinde, mit dem ich für Heilung gebetet hatte. Obwohl er einige Besserung in seinem Körper sah, war das Hauptproblem, dass er entmutigt und in seiner Einstellung und in seinen Emotionen verletzt worden war. Nachdem er meine Lehren wieder und wieder gehört hatte, fing er endlich an, sie zu verstehen. Er sagte zu mir: »Ich glaube wirklich, wenn ich mich ermutigen kann und in meinem Inneren aufstehe, dann werde ich auch äußerlich aufstehen.«

Ich antwortete: »Genau das ist es!«

Er hatte einen flüchtigen Eindruck davon bekommen. Er war noch nicht ganz angekommen, aber er konnte das Ziel sehen. Er drängte in diese Richtung und es war nur noch eine Frage der Zeit, bis es sich in der physischen Realität zeigen würde. Warum? Weil er guten Mutes war. Er überwand die Furcht, während der Sturm noch tobte.

Die meisten Leute würden uns kritisieren, wenn wir einen Krebspatienten ermutigen würden, indem wir sagen: »Sei frohen Mutes. Fürchte dich nicht! Der Herr ist mit dir! Warum lobst du den Herrn nicht jetzt gleich für deine Heilung?« Sie würden sagen: »Verstehst du denn nicht, welche Schmerzen diese Person durchmacht? Der Arzt sagt, sie wird sterben, und du kommst daher und redest vom Glauben. Du zeigst überhaupt kein Mitgefühl!« Diese Leute verstehen nicht, bist du erstmal in deinem Inneren ruhig, dass es nur eine Frage der Zeit ist, bis auch die äußeren Umstände sich beruhigen. Wenn du einmal die Antwort in deinem Herzen empfangen hast, wird sie im physischen Bereich sichtbar werden.

Der traditionelle Ansatz im heutigen Umgang mit den Problemen der Menschen in der Gemeinde ist jedoch, sich mit ihnen zusammen ins Trauertal zu setzen, indem man ihnen sagt: »Du hast völlig recht, dass du so wütend, bitter und verletzt bist. Ich kenne diese Gefühle auch.« Wir lassen uns herunterziehen, suhlen uns und weinen mit ihnen und werden genauso entmutigt und überwältigt wie sie, obwohl wir sie eigentlich »trösten« wollten. Im Grunde versuchen wir, Mitleid mit ihnen zu haben. Ich sage nicht, dass wir unsensibel oder lieblos sein oder uns weigern sollen, anzuerkennen, dass es jemand schwer hat. Aber wir sollten ihnen etwas geben, das jenseits dieser Situation liegt.

Wir sollten wie Jesus handeln. Die meisten Leute würden heute sagen: »Jesus war unsensibel. Wie konnte er Menschen, die in einem der schlimmsten Stürme ihres Lebens steckten und kurz vorm Ertrinken waren, sagen: ›Seid guten Mutes! Ich bin es. Fürchtet euch nicht!‹ (Mk 6,50 ELB)? Das ist doch unzumutbar!« Doch Jesus war eine Person des Glaubens. Da gibt es keinen Zweifel. Man kritisierte ihn dafür, aber wir brauchen mehr von solchen Menschen. Wirklich.

»Es ist keine große Sache!«

Eine junge Frau in unserer Gemeinde, die eben geheiratet hatte, erzählte überall herum, sie wolle ein Dutzend Kinder bekommen. Einige Leute fragten sich, ob dies wohl weise sei, aber es war ihre Wahl. Das war ihr Wunsch. Sie konnte es einfach nicht erwarten, schwanger zu werden und Kinder zu haben. Ihr Mann war im vollzeitlichen Dienst und sie waren bis zu sechs Monate am Stück auf Reisen.

Einmal, als sie und ihr Mann in einer Gemeinde dienten, kam die Nachricht, dass sie schwanger sei. Wir freuten uns, denn wir alle wussten ja, wie sehr sie Kinder haben wollte. Als sie jedoch zurückkam, ging sie zum Arzt und erfuhr, dass es eine Eileiterschwangerschaft war. Anstatt dass sie ein Kind bekam, hatte der Arzt entdeckt, dass sie Krebs hatte und sagte: »Wenn ich nicht alle ihre weiblichen Organe operativ entferne, werden sie innerhalb einer Woche sterben. Selbst mit der Operation haben Sie nur eine Fifty-fifty-Chance zu überleben. Und wenn Sie überleben, werden Sie nie Kinder haben können.«

Ihr war eine düstere Prognose gestellt worden. Im besten Fall schien ihr größtes Ziel, Mutter von zwölf Kindern zu werden, außer Reichweite zu sein. Obwohl ich von ihrer Diagnose gehört hatte, war ich nach einem Mittwoch-Gottesdienst damit beschäftigt zu lachen, zu witzeln und herumzualbern, als sie mir von hinten auf die Schulter klopfte. Ich drehte mich um und sie stammelte unter Tränen: »Andrew, haben sie dir gesagt, was mir passiert ist?«

Ich konnte meine Freude und Begeisterung trotz ihrer Situation nicht so einfach unterdrücken, also habe ich sie sehr direkt angesehen und erklärt: »Krebs ist kein Problem für Gott! Du benimmst dich so, als ob dies eine große Sache wäre! Es ist keine große Sache!«

Ich hätte ihr ebenso gut eine Ohrfeige geben können. Sie hörte auf zu weinen, schaute mich an und fragte: »Was willst du mir sagen?«

Ich sagte: »Es ist für Gott nicht schwieriger, Krebs zu heilen als eine Erkältung. Du könntest einfach Gott glauben. Du musst nicht kinderlos bleiben, und du musst nicht innerhalb einer Woche sterben.«

Sie fragte mich, ob Jamie und ich zu ihr kommen könnten, um mit ihr und ihrem Mann über das Ganze zu sprechen, und das taten wir. Ich habe ihnen einfach gesagt: »Dies hier ist nur zu einer großen Sache geworden, weil ihr es dazu gemacht habt. Es ist nicht schwierig für Gott! Es ist nicht so, dass es die Lichter im Himmel flackern ließe, wenn du den Herrn darum bittest, dich zu heilen.«

Sie fragte: »Also sollte ich weiterhin zum Arzt gehen? Sollte ich mich operieren lassen?«

»Nun, das ist deine Entscheidung. Du hast die Wahl. Es ist keine Sünde, wenn du es tust, aber wenn sie alle deine weiblichen Organe entfernen, wirst du keine Kinder haben. Es gab nur einmal eine Jungfrauengeburt und du wirst keine zweite haben! So funktioniert das nicht. Wenn ich in deiner Lage wäre, würde ich einfach Gott glauben!«

»Aber sie sagten mir, ich wäre in einer Woche tot!«

»Also wenn du das glaubst, dann musst du die Operation machen lassen. Es ist nichts Falsches daran. Wenn du daran glaubst, dann tu es. Aber du kannst auch Gott glauben. Es ist für ihn kein Problem!«

Sie entschied sich dafür, Gott zu glauben. Obwohl dies eine lange Geschichte ist, ist es jetzt mindestens fünfzehn Jahre und vier bis fünf Kinder her, dass all dies geschah. Sie überlebte und gebar alle ihre Kinder durch eine natürliche Geburt, denn jeder Arzt, der ihre Krankengeschichte sah, glaubte nicht, dass sie eine normale Geburt haben könnte. Also brachte sie alle ihre Kinder zu Hause zur Welt. Es war gar kein Problem!

»Es wartet ein großartiges Wunder auf mich!«

Es ist nicht falsch, mit Menschen, die leiden, Mitgefühl zu haben, aber wir müssen darüber hinausgehen. Wir müssen den Menschen auch Glauben zeigen und sie ermutigen. Es hätte nichts Gutes gebracht, wenn Jesus da herausgegangen wäre und gesagt hätte: »Jungs, es ist furchtbar. Ich kann nicht glauben, was euch da geschieht. Das ist heftig, wirklich heftig.« Er war die einzige Hoffnung, die die Jünger hatten. Wenn er das Problem großgemacht hätte, Unglauben ausgedrückt und darüber gesprochen hätte, wie schlecht die Dinge für sie standen, dann wären sie in großen Schwierigkeiten gewesen. Jesus musste die Situation abmindern, Gott verherrlichen und zeigen, dass seine Kraft so viel größer als die Umstände der Jünger ist. Er tat dies, indem er auf dem wandelte, was die Macht hatte, die Jünger zu zerstören, und sagte: »Jungs, fürchtet euch nicht. Seid guten Mutes! Ihr solltet fröhlich sein, weil ihr gleich ein großartiges Wunder erleben werdet!« Wenn dein

Glaube belebt wird, wirst du begeistert und sagst: »Gott, es wartet ein großartiges Wunder auf mich!«

Mein Glaube wurde belebt, während ich nach Colorado Springs fuhr, an dem Morgen, als mein Sohn starb. Nachdem ich den Befund gehört hatte, betete ich und fing an Gott zu preisen. Plötzlich ist Glauben in mir aufgestiegen und ich wurde enthusiastisch. Ein Teil dessen, was ich dachte, war: *Gott, es wartet ein großartiges Wunder auf mich! Er ist schon seit fünf Stunden tot, atmet nicht und hat schon Totenflecken bekommen. Junge, das wird ein tolles Wunder!*« Und genau so war es! Aber bevor ich es wirklich sah, war ich schon begeistert darüber, was Gott tun würde.

Das sagte Jesus diesen Jüngern, als er zu ihnen sprach: »Seid guten Mutes!« Sie hätten ganz begeistert sein und sagen können: »Jesus hat uns geboten, zum anderen Ufer zu fahren – und nicht zu ertrinken. Auch wenn es im Natürlichen keine Möglichkeit gibt, dass wir zur anderen Seite kommen. Da wartet ein großartiges Wunder auf uns!«

Versetzt

Johannes' Bericht zeigt uns, wie sie zur anderen Seite des Sees versetzt wurden.

> *... und **sogleich** war das Schiff am Land, wohin sie fahren wollten. — Johannes 6,21*

BUMM! Sie legten ungefähr drei Kilometer zurück – und da waren sie! Der Wind legte sich sofort und es gab eine große Stille. Die meisten von uns würden begeistert sagen: »Wow! Das ist ja großartig! Wäre es nicht wunderbar, dort gewesen zu sein?« In gewissem Sinn war es das, was Jesus sagte. Es war noch nicht geschehen. Die Jünger waren inmitten des Sturms, aber der Herr wusste, dass sie nicht mitten auf dem See ertrinken würden. Er wusste, dass alles gut enden würde, also sagte er: »Jungs, freut euch! Ihr solltet dies hier jetzt packen! Ihr seid dabei, eine großartige Demonstration meiner Macht zu erleben!«

Das klingt für viele Leute total verrückt, weil sie so sehr im Natürlichen leben, dass sie nie an den Punkt kommen, sich mitten in einer herausfordernden Situation zu freuen. Andere Leute haben genügend Lehre darüber gehört, sodass sie sich mit zusammengebissenen Zähnen freuen, sozusagen als »Kampfführung«, aber nicht aus einem reinen Herzen des Glaubens heraus. Sie versuchen, den Sieg zu erlangen, anstatt ihn lediglich geltend zu machen.

Es ist in Ordnung, wenn du geistlich an diesem Punkt bist. Diese Vorgehensweise hat ihre Zeit und ihren Platz. Aber nach einer Weile hast du so viele Siege erlebt, dass du nicht mehr nur mit zusammengebissenen Zähnen deine Freude haben wirst. Es ist dann nicht mehr etwas, wozu du dich zwingen musst. Du kannst wirklich dahin gelangen, dass du dich aufrichtig freust, weil du einfach weißt, dass etwas Großartiges aus deiner Situation entstehen wird!

Mitternachts-Lobpreis

Um Mitternacht aber beteten Paulus und Silas und lobten Gott mit Gesang, und die Gefangenen hörten ihnen zu. Da entstand plötzlich ein großes Erdbeben, sodass die Grundfesten des Gefängnisses erschüttert wurden, und sogleich öffneten sich alle Türen, und die Fesseln aller wurden gelöst. Da erwachte der Kerkermeister aus dem Schlaf, und als er die Türen des Gefängnisses geöffnet sah, zog er sein Schwert und wollte sich töten, weil er meinte, die Gefangenen seien entflohen. Aber Paulus rief mit lauter Stimme und sprach: Tu dir kein Leid an; denn wir sind alle hier! — Apostelgeschichte 16,25–28

Paulus und Silas waren im Gefängnis in Philippi. Sie haben nicht nur deshalb gebetet und um Mitternacht Loblieder gesungen, damit sie befreit würden. Das war nicht der Grund, warum sie Gott lobten und priesen. Wie kann ich das wissen? Als der Herr das Erdbeben sandte, öffneten sich alle Türen des Gefängnisses und jedermanns Ketten fielen von den Füßen, aber Paulus und Silas gingen nicht weg. Sie setzten einfach den Lobpreis fort.

Wenn sie Gott gelobt hätten, um ihre Befreiung zu erhalten, dann hätten sie das Gefängnis verlassen, sobald das Erdbeben kam. Sie haben aber Gott aus einem reinen Herzen der Liebe heraus gepriesen. Sie waren aufgeregt und priesen Gott für das, was er ist. Sie waren tatsächlich an jenem Ort angelangt, von welchem Jesus sprach. Sie waren frohen Mutes und fürchteten sich nicht.

Paulus und Silas freuten sich ihrer Beziehung mit Gott. Sie wussten, dass er sich um die Dinge kümmern würde, also freuten sie sich einfach. Als die Befreiung kam, nahmen sie sie nicht einmal in Anspruch. Sie blieben im Gefängnis. Und nicht nur Paulus und Silas – sondern auch jeder dieser nichterretteten Gefangenen. Wow! Was für eine kraftvolle Manifestation der Gegenwart Gottes, die alle diese gottlosen Leute in ihren Gefängniszellen hielt, auch nachdem sie von den Ketten befreit waren.

So oder so, du gewinnst!

Du kannst an einen Punkt gelangen, wo du wirklich guten Mutes bist und dich nicht fürchtest – auch wenn die Stürme des Lebens rund um dich her toben. Das ist nichts, was du erst zu erreichen versuchst; du bist schon dort. Sogar inmitten deiner Situation bist du frohen Mutes.

Wenn der Arzt dir sagt, dass du sterben wirst, fang einfach an, Gott zu preisen und sage: »Vater, das ist fantastisch! Es wäre wunderbar, wenn ich gehen könnte, um bei dir zu sein!«

Wir singen Lieder wie »When we all get to heaven« (Wenn wir alle in den Himmel kommen …), aber wenn der Arzt uns sagt, *dass* wir bald dorthin gehen, fangen wir an zu weinen. War das, was wir sangen, wirklich ernst gemeint? Wenn du mal richtig darüber nachdenkst, wirst du Folgendes erkennen: Wenn du stirbst, wirst du bei Gott sein, und wenn du deine Heilung empfängst – die Jesus schon für dich bereitgestellt hat –, wirst du ein großartiges Zeugnis haben. So oder so, du gewinnst!

Wenn deine Heilung sichtbar werden würde, würde das ein großartiges Zeugnis werden. Es könnte dir sogar einen ganzen Dienst eröffnen. Du könntest wegen dieser Heilung in der ganzen Welt umherreisen und erzählen, wie großartig Gott ist. Aber wenn du Heilung nicht verwirklicht siehst, dann kannst du beim Herrn sein. Du könntest guten Mutes und furchtlos sein, unabhängig von deiner Situation und ihrem Ergebnis. Preis dem Herrn!

Für zusätzliche Ermutigung zum Thema »Wie man seine Heilung zur Manifestation bringt« verweise ich auf meine Lehreinheiten mit den Titeln: *Heilung: Gottes Wille für dich*, *How to Receive a Miracle* (nur englisch als Audio-Teaching) und *Du hast schon alles, was du brauchst!*

KAPITEL 5

Ein Wort von Gott

Wenn du keinen Glauben zeigst, während der Sturm noch wütet, dann wirst du deine Befreiung möglicherweise nicht erleben. Viele Leute tun so als ob, loben Gott und sagen einige der richtigen Sätze, aber sie wünschen sich nur Befreiung und hoffen, dass es funktionieren wird. Und doch glauben sie nicht. Wenn du wirklich anfängst zu glauben, wirst du dich selbst in überfließender Danksagung wiederfinden.

> *Wie ihr nun Christus Jesus, den Herrn, angenommen habt, so wandelt auch in ihm, gewurzelt und auferbaut in ihm und gefestigt im Glauben, so wie ihr gelehrt worden seid, und seid darin überfließend mit Danksagung. — Kolosser 2,6–7*

Der Weg zu überfließendem Glauben ist Danksagung. Wenn du kein dankbares Herz hast, wenn du inmitten des Sturms nicht frohen Mutes bist, hast du möglicherweise schon Glauben, aber dein Glaube ist dann nicht so stark und groß, dass du mit ihm deine Ängste überwinden könntest. Wenn du wirklich zu einem gottgemäßen Glauben findest, dann wirst du entdecken, dass du so lange durchhalten kannst, bis du sogar begeistert bist und dich freuen kannst. Ich rede nicht von etwas, was du selbst erzeugst. Es kommt von Gott. Es ist eine gelassen machende Gewissheit, ein Friede und eine Freude, die von der Erkenntnis kommen, dass Gott treu ist. Er hat dich nie verlassen und wird es auch nie tun.

Bevor der Herr das Wunder vollbrachte, das diese Jünger benötigten, sagte er zu ihnen: »Vertraut mir. Seid guten Mutes! Ich bin es. Fürchtet euch nicht!« Erinnert ihr euch nicht mehr daran, wer ich bin? Ich bin derjenige, der vor kurzem die Menschenmenge mit Essen versorgt hat. Ich habe auf wundersame Art eine kleine Essensmenge vervielfacht. Ich bin derjenige, der schon die Toten auferweckt, blinde Augen und taube Ohren geöffnet und Dämonen ausgetrieben hat. Ich bin es! Begreift ihr denn nicht, wem ihr dient? Erkennt ihr denn nicht, wer mit euch ist? Ich bin es!«

Du musst erkennen, wer Jesus in dir ist. Sobald du das tust, wirst du keine Angst mehr haben. Du wirst seine Freude und seinen Frieden erleben, und du wirst guten Mutes sein.

»Steigt ein und fahrt los!«

Alles, was wir bis hierhin behandelt haben, ist unentbehrlich, bevor du hinaus aufs Wasser gehst. Du musst ein Wort von Gott haben. Diese Jünger hatten einen Befehl vom Herrn Jesus Christus. Sie sind nicht aus eigenem Antrieb auf den See hinausgefahren. Es war nicht ihr Wille, den See zu überqueren. Es war sein Wille.

> *Und sogleich nötigte Jesus seine Jünger, in das Schiff zu steigen und vor ihm ans jenseitige Ufer zu fahren, bis er die Volksmenge entlassen hätte. — Matthäus 14,22*

»Nötigen« bedeutet, dass Jesus Überzeugungskraft einsetzen musste. Er packte sie nicht physisch und warf sie ins Boot. Aber zu dem Zeitpunkt zeigten sie einen gewissen Widerstand, sich ins Boot zu begeben und hinüberzufahren, also nötigte Jesus sie. Er sagte ihnen nachdrücklich: »Steigt ein und fahrt los!«

Warum leisteten die Jünger Widerstand? Warum musste Jesus sie nötigen? Viele dieser Männer waren als Fischer am See Genezareth aufgewachsen. Dieses Gewässer ist dafür bekannt, dass Stürme von den Bergen im Norden und im Osten herunterkommen. Verborgen hinter diesen Bergen bleiben die heraufziehenden Stürme so lange unbemerkt, bis sie die Gipfel überwunden haben. Dann brechen die Stürme schnell über den See herein. Aus diesem Grund musste man sich wirklich gründlich auf das Wetter einstellen.

Der Wetterbericht

Die meisten von uns verstehen das nicht, weil wir das Wetter nur so weit wahrnehmen, wie wir es aus dem Wetterbericht erfahren. Wir haben praktisch keinerlei Gespür für das Wetter. Ich erinnere mich, als ich Pastor einer kleinen Gruppe von Farmern in Pritchett, Colorado, war, dass sie zu sagen pflegten: »Nun, heute Abend wird es regnen.«

Ich fragte: »Habt ihr das im Wetterbericht gehört?«

Sie sagten: »Nein.« Sie spürten einfach, wenn Luftdruck und Luftfeuchtigkeit sich änderten. Und tatsächlich kam es genau so, wie sie gedacht hatten. Sie sagten: »Junge, dieser Wind kommt aus dem Norden. Das bedeutet, ein Nordsturm wird auf uns zukommen.« Diese Leute waren viel besser in der Wettervorhersage als die Meteorologen. Nachdem ich nur kurze Zeit mit diesen Leuten zu tun hatte, begann ich, mir das auch anzueignen. Ich war nach kurzer Zeit in der Lage, einen Wintersturm vorherzusagen.

Diese Jünger waren viel mehr im Einklang mit dem Wetter, als wir es heute sind. Deshalb musste Jesus sie nötigen. Dieser Sturm hatte sie zwar noch nicht erreicht, aber sie sahen ihn kommen. Alle

Anzeichen dafür waren gegeben und es war wider ihr besseres Wissen, zu diesem Zeitpunkt draußen auf dem See Genezareth zu sein. Aber sie fuhren hinaus, weil Jesus es ihnen aufgetragen hatte.

Widrigkeiten im Willen Gottes

In Matthäus Kapitel 14 erhielten die Jünger ein Wort von Gott. Aber das bedeutete nicht, dass sie keine Probleme haben würden. Erinnere dich, die Winde standen ihnen entgegen, und die Jünger kämpften, um zur anderen Seite zu kommen. Trotzdem waren sie vollkommen im Zentrum von Gottes Willen. Sie drückten ihre Bedenken aus, aber der Herr – genau wissend, was sie empfanden – sagte: »Nein, ihr fahrt zum anderen Ufer. Es wird klappen!«

Du kannst völlig von Gott geleitet sein und trotzdem Bedrängnis erleben. Satan wird gegen dich angehen. Es wird Umstände in deinem Leben geben, die aussehen, als würdest du es nicht schaffen, aber das ist nicht immer ein Zeichen dafür, dass du Gott verpasst hast.

Diese Jünger taten genau das, was ihnen der Herr befohlen hatte. Er war sich ihrer Situation bewusst und war vor Ort, um ihnen zu helfen. Allerdings hat er nicht sofort eingegriffen und sie befreit. Er wollte, dass sie mit ihm kooperieren. Er wollte, dass sie im Glauben nach ihm rufen.

Es ist wichtig, dass du in deiner Situation erkennst, ob die Widrigkeiten, denen du dich ausgesetzt siehst, das Resultat deiner eigenen Unwissenheit oder deines Ungehorsams sind. Jona zum Beispiel ist vor Gott davongerannt. Anstatt den Anweisungen des Herrn zu folgen, kam er in einen Sturm, der ihn fast das Leben gekostet hätte. Aber dieser Sturm war überhaupt nicht Gottes Wille. Das war eine Erfahrung, die er nicht hätte machen müssen.

Du solltest ehrlich genug dir selbst gegenüber sein, um abzuschätzen, wo du stehst. Ist die Situation, der Sturm oder die Schwierigkeit, in der du dich befindest, das Resultat deiner eigenen Rebellion gegen Gott, wie es bei Jona der Fall war? Hattest du ein Wort oder hattest du kein Wort von Gott, als du das Ufer verlassen hast? Hat der Herr dir gesagt, dich zu diesem Zeitpunkt in eine bestimmte Richtung zu bewegen?

Paulus und Silas

Paulus und Silas begegneten großen Schwierigkeiten im Zentrum von Gottes Willen.

> *Und in der Nacht erschien dem Paulus ein Gesicht: Ein mazedonischer Mann stand vor ihm, bat ihn und sprach: Komm herüber nach Mazedonien und hilf uns! Als er aber dieses Gesicht gesehen hatte, waren wir sogleich bestrebt, nach Mazedonien zu ziehen, indem wir daraus schlossen, dass uns der Herr berufen hatte, ihnen das Evangelium zu verkündigen. — Apostelgeschichte 16,9–10*

Innerhalb weniger Tage, in denen Paulus und Silas in Philippi, einer Stadt in der Provinz Mazedonien waren, wurden sie geschlagen und ins Gefängnis geworfen (Apg 16,22–24). Gott nachzufolgen bedeutet nicht, dass dein Leben frei von Stürmen, Gefängnissen oder Problemen sein wird. Obwohl viele Leute lehren, dass alles perfekt läuft, wenn man Gottes Wille tut, ist das einfach nicht wahr!

Bei einer anderen Gelegenheit sagte Paulus: »denn eine Tür hat sich mir aufgetan, weit und vielversprechend; und es gibt viele Widersacher« (1Kor 16,9).

Gott führte Paulus nach Philippi, wo er innerhalb kürzester Zeit ins Gefängnis geworfen wurde. Nur weil du dich gerade in einem Sturm befindest und es so aussieht, als ob du ertrinkst, heißt das nicht, dass du außerhalb von Gottes Plan bist. Lass Umstände nicht Gottes Willen diktieren!

Rufe zu Gott

Hattest du ein Wort von Gott oder nicht? Wenn ja, stelle dich darauf – voller Freude, denn er ist mit dir! Hab keine Angst. Zeige Glauben, noch bevor du das Endergebnis siehst. Glaube bedeutet, das Wunder zuerst im Herzen zu sehen, bevor es im Natürlichen sichtbar wird. Beginne bereits zu preisen, anzubeten und dich zu freuen, bevor du den Kampf gewinnst. Es ist leicht, Gott im Nachhinein zu preisen. Aber es ist ein biblisches Prinzip, erst im Glauben zu handeln, bevor etwas davon physisch sichtbar wird.

Egal wie dein Problem aussieht, der Herr ist mit dir. Er kennt deine Situation sicher genauso gut, wie er damals die Umstände kannte, in denen sich die Jünger befanden. Er kam dort hinaus, um ihnen zu helfen, aber er wollte, dass sie ihn auch im Glauben zur Hilfe rufen. Du musst zu Gott rufen. Sitze nicht einfach schweigend da und lass deine Probleme dich überwältigen! Rufe zu Gott!

Rufe nicht im Unglauben, wie die Jünger es taten, als Jesus ihnen auf dem Wasser entgegenkam und sie dachten, es sei ein Geist oder Ähnliches. Rufe nicht in Frustration, Zorn oder Bitterkeit. Rufe zu ihm im Glauben! Verlange nach ihm! Zehre von der Kraft Gottes, die dir zur Verfügung steht! Bring deinen Glauben zum

Ausdruck und sei frohen Mutes! Hab keine Angst. Denk daran, wem du dienst. Lass deinen Glauben in Dankbarkeit überfließen. Wenn du all dies aus einem Herzen des Glaubens tust, dann schaffst du die Voraussetzungen für das Wunder, das Gott für dich vollbringen wird.

Wenn du in einer Situation bist, die aussieht, als würde sie dich überwältigen, fasse Mut. Fang an, Gott zu glauben. Stelle sicher, dass du von Gott gehört hast und du mitten in seinem Willen bist. Dann rufe zu Gott im Glauben und verlange nach ihm und seiner Kraft. Beginne dich zu freuen und sei guten Mutes, noch bevor du den Sturm gestillt siehst.

Überwinde!

Sobald du wirklich im Glauben bist, kannst du es dir in Gott gut gehen lassen, ganz gleich, ob die Umstände sich für dich zum Guten wenden oder nicht. Du glaubst Gott und besitzt den Beweis – Glauben in deinem Herzen. Du wirst wollen, dass andere genauso oder mehr davon profitieren als du selbst. Du möchtest einfach, dass es ein großes Zeugnis wird, um andere zu ermutigen und Gott zu verherrlichen.

Der Herr liebt dich und möchte, dass du ein »Wasserläufer« bist. Er wünscht sich, dass du die Stürme des Lebens überwindest, anstatt von ihnen überwältigt zu werden. Diese einfachen, aber mächtigen Wahrheiten werden dir helfen, genau das zu tun.

KAPITEL 6

Suche nach mehr

Der Herr befahl den Jüngern, auf die andere Seite zu fahren. Auf Gottes Geheiß hin waren sie dort. Sie hatten begonnen, ihm zu gehorchen, was der Grund dafür war, dass sie in diesen Sturm gerieten.

Nicht alle Stürme, in die wir geraten, werden durch unsere eigene Unwissenheit, unseren Unglauben oder unsere Sünde verursacht. Du kannst völlig von Gott geleitet sein und trotzdem Bedrängnis erleben. Satan wird gegen dich angehen. Es wird Umstände geben, die so aussehen, als ob du untergehen wirst, aber das ist nicht immer ein Hinweis darauf, dass du Gott missverstanden hast.

Diese Jünger waren genau dort, wo der Herr sie hingeschickt hatte. Er war sich ihrer Situation bewusst. Jesus kam auf dem Wasser zu ihnen, wäre aber auch an ihnen vorbeigegangen. Der Herr offenbarte sich ihnen, aber es lag in ihrer Verantwortung, nach ihm zu rufen und seine Kraft im Glauben anzuzapfen.

Wir müssen dasselbe tun. Gott ist inmitten unserer Situation bei uns, aber wir müssen ihn im Glauben anrufen – nicht aus Verzweiflung, Bitterkeit, Frustration oder Mitleid. Er ist bereit zu helfen, aber wir müssen im Glauben darum bitten.

Wir müssen auch erkennen, dass der Herr auf genau der Situation wandelte, die die Jünger hätte vernichten können. Gott ist nicht überwältigt von unseren Problemen. Er ist cool. Er steht darüber. Für Gott ist nichts unmöglich!

Seid guten Mutes! Ich bin es. Fürchtet euch nicht!
— Markus 6,50 ELB

Jesus sagte den Jüngern, sie sollten guten Mutes sein oder sich freuen, bevor der Wind gestoppt hatte und während die widrige Situation um sie herum immer noch andauerte. Du musst im Glauben handeln, bevor du deine Befreiung siehst – nicht danach! Die meisten Leute heute rufen aus Verzweiflung, Mitleid, Zorn und Frustration nach Hilfe, aber nicht wirklich im Glauben. Wie kannst du erkennen, ob du im Glauben bist – in echtem Glauben? Du wirst mit Danksagung überfließen, voller Freude und ohne Angst sein (Kol 2,7; Mk 6,50).

Das heißt jetzt nicht, dass du überhaupt nicht im Glauben wärst, wenn du mit deinen Emotionen ringst oder gegen Ängste ankämpfst. Denke das nicht! Was ich meine, ist, dass du noch nicht überfließend im Glauben bist. Wenn du immer noch mit all dem kämpfst, dann ist dein Glaube noch nicht vollendet. Die gute Nachricht ist, dass du das überwinden und anfangen kannst, dich inmitten deiner Probleme trotzdem zu freuen. Tatsächlich müssen wir nicht immer vollkommenen Glauben haben, damit sich unsere Befreiung verwirklicht, aber wir sollten nach überfließendem Glauben streben. Wir müssen lernen, schon im Glauben zu handeln, bevor wir unsere Befreiung sehen – nicht danach!

Blende es aus!

Der Herr sagte den Jüngern, sie sollten guten Mutes sein, weil er es sei.

Sogleich aber redete Jesus zu ihnen und sprach: Seid guten Mutes! Ich bin es. Fürchtet euch nicht! Petrus aber antwortete ihm und sprach: Herr, wenn du es bist, so befiehl mir, auf dem Wasser zu dir zu kommen! — Matthäus 14,27–28 ELB

Erinnert euch, die Jünger waren in diesem Boot und hatten sieben bis zwölf Stunden mit dem Versuch verbracht, über den See Genezareth zu gelangen. Normalerweise hätte die ganze Fahrt nur zwei bis drei Stunden gedauert, aber sie hatten erst die Hälfte der Strecke über den See zurückgelegt. Inmitten all dessen kam Jesus über das Wasser gewandelt. Sie sahen ihn und schrien auf vor Angst. Er sprach: »Leute, seid frohen Mutes. Ich bin es. Fürchtet euch nicht!« Dann antwortete Petrus: »Wenn du es bist, Herr, dann befiehl mir, auf dem Wasser zu dir zu kommen.«

Diese Begegnung mit dem Herrn berührte Petrus auf übernatürliche Weise. Petrus war fähig, auf dem Boot sein eigenes persönliches Dilemma auszublenden und sich auf die wunderwirkende Kraft und Fähigkeit Gottes zu konzentrieren!

Um zum »Wasserläufer« zu werden, musst du aus »dir selbst« herauskommen. Du musst deine persönlichen Probleme und die Angst davor, was dir geschehen könnte, ausblenden und dich auf Gott fokussieren. Du kannst nicht von deinen eigenen Problemen so vereinnahmt und von den Unmöglichkeiten, die dir begegnen, so überwältigt sein, dass du die Sicht auf den Herrn und das, was er tun kann, verlierst.

Erfolg entlarvt Unglauben

Für gewöhnlich nahm ich jeden Dienstag, wenn ich in der Stadt war, an einem Frühstück für Pastoren und Leiter christlicher

Dienste und Organisationen teil. Fünfzehn oder zwanzig Diener im Reich Gottes wechselten sich dabei ab, aufzustehen und »der guten alten Zeit« nachzutrauern. Sie sagten: »Ich erinnere mich daran, wie dies und das hier in Colorado Springs stattgefunden hat, aber jetzt ist es nur noch eine geistlich tote Stadt. Nichts Bedeutendes kann hier mehr stattfinden. Wenn du nach Colorado Springs kommst, um eine große Gemeinde oder einen großen Dienst zu gründen, dann wirst du eher mit den Füßen zuerst hinausgetragen. Keine geisterfüllte Kirche kann hier je über hundert Mitglieder wachsen.« Sie gaben Beispiele von Leuten, die es versucht hatten. Wenn sie einmal 100 oder 110 Leute erreicht hatten, dann spaltete sich die Kirche oder Ähnliches geschah. Ich hörte ihnen eine Weile zu, wie sie über ihre Stürme – ihre Probleme – lamentierten, jedoch ohne wirklich etwas zu sagen. Schließlich schauten sie mich an und fragten: »Nun, was denkst du?«

Ich antwortete: »Jungs, in den letzten Wochen habe ich gesehen, wie blinde Augen und taube Ohren geöffnet wurden. Ich habe persönlich Wunder über Wunder gesehen. Die Kirchen wachsen überall. Ihr liegt total falsch. Ihr schaut auf eure eigene Situation und denkt, der ganze Leib Christi sei so. Ihr schaut nur auf euch selbst! Ich kenne all die Gründe nicht, warum ihr euch abmüht, aber ich garantiere euch, dass dies nicht für den ganzen Leib Christi gilt. Ich preise Gott, dass ich auf Reisen gehen kann, anstatt hier festzusitzen und mich mit eurer konstanten Negativität abgeben zu müssen!«

Du kannst an einem Punkt ankommen, wo du so sehr auf deine eigene Situation schaust und darüber nachdenkst, dass du die wunderwirkende Kraft Gottes vergisst. Als Beispiel war da ein junger Mann in dieser Gruppe von Leitern, der in die Stadt gekommen war, um eine Kirche zu gründen. Er redete so, als wenn er eine Megakirche in Colorado Springs haben würde, aber die anderen Leiter setzten ihn herab und lachten ihn aus. Doch er und ich wurden sofort Freunde, weil wir beide Gott etwas Großes zutrauten und Ausschau nach mehr hielten.

Als dieser Kollege frisch in die Stadt gekommen war, stieg er mitten in eine sehr negative Situation ein. Während andere sich darauf konzentrierten, was in der Vergangenheit geschehen war, und unfähig waren, über den Tellerrand hinauszusehen, war er dazu imstande, aus seinen Begrenzungen auszubrechen und über seine Situation hinauszublicken. Er schaute auf Gott und glaubte ihm. Heute ist dieser junge Mann Pastor einer Kirche, die tausenden von Menschen dient.

Zerstört oder motiviert?

Petrus wurde genauso von der Situation eingeholt wie jeder andere im Boot. Doch als Jesus erschien, begann er, von Gott im Glauben etwas Größeres zu erwarten. Er begann zu überlegen: *Wenn Jesus auf dem Wasser gehen kann, dann kann ich das auch.* Er reagierte positiv auf die Worte des Herrn: »Seid frohen Mutes. Ich bin es. Fürchtet euch nicht!« Petrus glaubte den Worten Christi und begann, nach ihnen zu handeln.

Als Resultat davon war Petrus in der Lage, über seine momentane Situation hinauszuwachsen. Der heftige Wind und die anschwellenden Wellen waren nicht das Problem. Petrus erkannte, dass Gott mit ihm war und ihm seine Kraft zur Verfügung stand. Also begann er, darauf zu reagieren und hielt Ausschau nach mehr. Wenn du auf dem Wasser gehen willst, musst du deinen Fokus von deinen Umständen weg und hin auf Gott richten und Ausschau nach mehr halten!

Negative Umstände in deinem Leben haben das Potential, dich entweder zu zerstören oder zu Besserem hin zu motivieren. Zum Beispiel, bevor Jamie und ich zu daten begannen, hatte ich eine Beziehung mit ihrer besten Freundin, bei welcher später Leukämie diagnostiziert wurde. Wir alle glaubten, dass es Gottes Wille sei, Jamies beste Freundin zu heilen, als sie Leukämie hatte, aber sie starb. Obwohl mich diese negative Situation beinahe überwältigte, mein Wachstum hemmte und mich davon abhielt, irgendetwas für den Herrn zu tun, entschied ich mich, ihn stattdessen sogar noch mehr zu suchen. Ich hatte in meinem Herzen beschlossen, dass ich die wunderwirkende Kraft Gottes sehen würde.

Wie Petrus blickte ich auf Jesus und fokussierte mich positiv auf Gottes Worte, anstatt auf die negativen Umstände zu schauen. Wir haben vielleicht dieses Mal verloren, aber ich wusste, dass ich eines Tages das, was dieses Mädchen getötet hat – die Leukämie –, besiegt sehen würde, und das habe ich inzwischen viele Male! Zuallererst musste ich die Haltung einnehmen, dass mit Gott mehr möglich war als das, was ich zu jener Zeit erlebte. Wie Petrus musste ich eine andere Einstellung wählen als der Rest der Jungs im Boot. Als Petrus das tat, trat er aus dem Boot und ging auf dem Wasser!

»Da muss es mehr geben!«

Während John G. Lake aufwuchs, musste er miterleben, wie acht seiner Geschwister – vier Brüder und vier Schwestern – vorzeitig an einer Krankheit starben. 32 Jahre lang war immer mindestens ein Mitglied seiner Familie krank. Als seine junge Frau krank wurde und am Rande des Todes stand, schrie Lake zu Gott und fragte: »Warum lässt du das zu?«

Der Herr antwortete ihm: »Das bin nicht ich, der dies geschehen lässt. Du bist es! Das ist nicht mein Wille. Satan tötet deine Familienmitglieder zu früh, und es liegt in deiner Verantwortung, etwas dagegen zu tun. Du hast die Vollmacht, diese Menschen zu heilen.«

John G. Lake hörte Gott, glaubte und sah seine Frau auferstehen. Er begann einen Wunderdienst, aus dem mehr als 100.000 dokumentierte göttliche Heilungen hervorgingen. Spokane, Washington, wurde einst zur gesündesten Stadt der Vereinigten Staaten erklärt, und dies wurde seinem Dienst zugeschrieben.

All diese Krankheiten, Tod und Verluste hätten ihn überwältigen und herunterziehen können, aber Lake wurde motiviert, Gott und sein Wort zu suchen. Er erklärte: »Da muss es mehr geben! Ich werde die wunderwirkende Kraft Gottes in meinem Leben sichtbar erleben!« Und so war es auch.

»Vertraut mir«

Genau das tat Petrus; er vertraute Gott. Jesus erschien und sagte: »Seid guten Mutes! Ich bin es. Fürchtet euch nicht!« Im Grunde sagte der Herr: »Vertraut mir. Die Macht ist vorhanden.« Petrus reagierte positiv darauf und begann, seinen Glauben auszudehnen. Er konnte über den heulenden Wind und die sich aufbäumenden Wellen hinwegblicken. Er blickte über die Dinge im Natürlichen hinaus und richtete seine Aufmerksamkeit auf Jesus.

Bist du in der Lage, über die Umstände in deinem Leben hinwegzusehen? Kannst du aus dem Boot des Selbstmitleids aussteigen und auf den Herrn schauen? Bist du imstande, über deine Situation hinauszuschauen und zu sehen, dass Gott siegreich und sehr wohl fähig ist, dir Hoffnung und Ermutigung zu schenken?

Oder wirst du dort sitzen und dich von den Lebensumständen überwältigen lassen?

Das sind Fragen, die beantwortet werden müssen, wenn du auf dem Wasser gehen und Wunder in deinem Leben sehen willst. Du musst zunächst einmal aufschauen und dich nach etwas anderem umsehen. Hab die Hoffnung, dass es mehr gibt als das, was du gerade erlebst. Rüttle dich wach! Lass Frustration, Entmutigung und Verzweiflung hinter dir. Entscheide dich, zu überwinden. Gottes Kraft ist wirklich das, was dich befreit, aber sie wird durch das aktiviert, was du glauben willst. Petrus war nicht bereit, im entscheidenden Moment Gott völlig zu glauben, aber wenigstens hat er nach Jesus gerufen und nach Gottes Kraft verlangt. Wirst du dasselbe tun?

KAPITEL 7

Wie stellst du deine Frage?

Petrus aber antwortete ihm und sprach: Herr, wenn du es bist, so befiehl mir, auf dem Wasser zu dir zu kommen!
— Matthäus 14,28 ELB

Obwohl seine Absicht gut war, muss man beachten, wie Petrus diese Bitte formulierte. Er sagte im Grunde genommen: »Herr, wenn du auf dem Wasser gehen kannst, dann kann ich das auch. Ich will das tun!« Petrus verlangte danach, dasselbe zu tun, was Jesus tat, nämlich im Übernatürlichen unterwegs zu sein. Das war gut, aber die Art, wie er seine Bitte formulierte, war inkorrekt.

Es gibt keine andere Stelle in der Bibel – oder in der Geschichte –, wo irgendjemand anderes auf dem Wasser wandelte. Diese Begebenheit hier, mit Jesus und Petrus, ist die Einzige! Moses, Elia und Elisa teilten alle das Wasser und gingen über trockenen Grund, aber niemand sonst ging jemals auf Wasser. Vielleicht war es gar nicht wirklich Gottes Plan für Petrus, dass dieser auf dem Wasser wandeln sollte. Es war sicherlich möglich, weil der Herr ihm nicht erlaubt hätte, auf anderem Weg zu ihm zu kommen, aber das war nicht unbedingt das Beste, was Gott tun konnte.

Wenn Petrus diese Bitte anders gestellt und gefragt hätte: »Herr, willst du, dass ich auf dem Wasser zu dir komme?«, hätte er möglicherweise eine andere Antwort bekommen. Jesus hätte antworten können: »Also, Petrus, ich werde zu dir kommen. Dann fahren wir auf die andere Seite und alles wird gut.«

Es ist möglich, dass Petrus' Glaube nicht stark genug war, um auf dem Wasser zu gehen und gleichzeitig all den Unglauben zu ertragen, der sich aus dieser Aktion ergeben würde. Aber Petrus hat ausdrücklich darum gebeten: »Herr, wenn du es bist, so befiehl mir, auf dem Wasser zu dir zu kommen!« Was hätte der Herr anderes darauf sagen sollen? »Komm nicht! Ich bin es nicht!« Nein, er war es. Die Art, wie Petrus die Bitte formulierte, ließ Jesus keine Alternative für eine andere Antwort.

»Soll ich bleiben?«

Es ist wichtig, wie du Gott gegenüber Fragen stellst, Bitten formulierst und seinen Willen für dein Leben erkennst. Vor Jahren, als ich noch in der Baptistengemeinde war, begann ich, mich mit der Glaubenslehre auseinanderzusetzen und sie weiterzugeben. Natürlich erntete ich viel Kritik dafür. Wegen der andauernden Auseinandersetzung gab es während dieser zwei Jahre oft Zeiten, in denen ich darüber nachdachte, die Baptistengemeinde zu verlassen und einfach mit Gott weiterzugehen.

Das war um 1970 herum, als es noch kaum unabhängige, geisterfüllte Gemeinden gab. Pfingstliche Gemeinden glaubten gewiss an die Taufe im Heiligen Geist und das Sprachengebet, aber sie waren anti-charismatisch. Tatsächlich gehörten sie zu den größten Gegnern der charismatischen Gemeinde. Deswegen gab es nichts anderes als die etablierten konfessionellen Gemeinden und es war ein großer Schritt, wenn man sie verlassen wollte.

Ständig von Kritik bombardiert zu werden, behinderte und verletzte mich, aber ich blieb über zwei Jahre in meiner etablierten Gemeinde wegen der Art, wie ich Gott meine Frage stellte: »Herr, möchtest du, dass ich diese Baptistengemeinde einfach verlasse und sie zur Hölle fahren lasse? Kümmert es dich nicht? Möchtest du nicht, dass ich bleibe und diesen Menschen diene?«

Wie hätte Gott diese Frage beantworten können? »Ja, Andrew. Verlass die Baptistengemeinde und lass alle Leute dort zur Hölle fahren, weil sie mich nicht interessieren.« Sicherlich nicht! Gott liebt die Baptisten. Er liebt alle Denominationen. Aber durch die Art, wie ich fragte, konnte Gott mir nicht sagen, dass ich gehen sollte.

Wenn ich zurückblicke, glaube ich persönlich, dass Gott mich leitete voranzugehen. Er wollte, dass ich ihm nachfolgte – in die Taufe im Heiligen Geist, das Sprachengebet, die Geistesgaben und das Wirken von Wundern. Ich preise Gott für all das Gute, das durch das Baptisten-Erbe in mein Leben gekommen war – und ich liebe die Baptisten –, aber persönlich konnte ich in diesem speziellen Kirchen-Umfeld nicht mit dem Herrn vorangehen.

Schließlich kam es eines Tages so weit, dass ich einfach fragte: »Gott, willst du, dass ich in dieser Kirche bleibe oder nicht?«

Augenblicklich antwortete er: »Nein. Geh.« Und ich ging. Das war der Beginn einer bedeutenden Wende zum Guten in meinem Leben. Mir wurde klar, dass ich mich wegen der Art, wie ich meine Frage gestellt hatte, selbst daran gehindert hatte, diesen Schritt früher zu tun. Du musst vorsichtig sein, wie du deine Frage stellst!

Nichts von alledem!

Vor vielen Jahren war ein junger Mann von der Oklahoma Baptist University (OBU) begeistert, nachdem er die Kirche besucht hatte, in der ich in Seagoville, Texas, als Pastor wirkte. Er sagte mir, dass er zwar sehr gern unter dem Wort Gottes sitzen, sich von mir lehren und zum Jünger machen lassen wolle, jedoch ein Problem habe. Er habe gebetet und Gott darum gebeten, ihn gezielt zu leiten, welche Schule er besuchen solle. Er erhielt ein Stipendium für die OBU. Er war erst etwa sechs bis acht Wochen dort gewesen, als er sich entschied, all dies hinter sich zu lassen und unter meinen Dienst zu kommen. Aber er war verwirrt und sagte: »Gott, ich weiß, dass du mich zur OBU geführt und mich mit einem Stipendium versorgt hast, aber jetzt habe ich das Gefühl, dass du mich nach Seagoville, Texas, führst. Wie konntest du das tun?«

Er kämpfte etwa drei Monate lang damit, bevor er zu mir kam und sagte: »Der Herr hat meine Frage beantwortet. Er sagte mir: ›Von den zwei Optionen, die du mir gabst – Berkley oder OBU –, war OBU besser. Wenn du mich hättest hören können, dann hätte ich gewollt, dass du stattdessen unter den Dienst von Andrew gegangen wärst.‹« Im Grunde sagte Gott zu ihm: »Anstatt nur zu sagen A: Berkley oder B: OBU, hättest du auch C: ›Keine von beiden‹ vorschlagen sollen.«

Deshalb versäumen wir es manchmal, Gottes Stimme zu hören. Wir sagen: »Gott, möchtest du, dass ich A oder B tue?« Wir sollten ihm aber auch die Option »C: Keines von beiden« geben. Frag ihn einfach: »Herr, gibt es etwas, das ich nicht mitbekomme?«

»Komm!«

Petrus hat das nicht getan. Er sagte nur: »Herr, wenn du es bist, dann lass mich kommen!« Es nützt uns wirklich nichts, darüber zu spekulieren, was hier hätte passieren können oder sollen. Wir wissen nicht, was Gottes ursprünglicher Plan oder die ursprüngliche Absicht gewesen wäre. War Petrus wirklich reif genug, um damit umgehen zu können oder nicht? Wir können nur raten. Aber die Art, wie Petrus fragte, ließ Jesus keinen Raum, etwas anderes zu sagen als »**Komm!**« (Mt 14,29). Wenn du Gott in Bezug auf etwas Übernatürliches vertraust und dabei bist, den größten Schritt deines Lebens zu tun, dann musst du dich vergewissern, dass es Gott ist, der dich dazu anleitet, anstatt Gott in eine Ecke zu drängen und ihm keine andere Option zu lassen.

Einer meiner Freunde ist ein wunderbarer Mensch, der seit eh und je total in den Herrn verliebt ist und sich ihm verpflichtet fühlt. Allerdings dachte er früher in seinem Leben, dass die einzige Art, Gott zu dienen, im vollzeitlichen Dienst sei. Deshalb wurde er Angestellter in einer Gemeinde und gab sich über viele Jahre völlig der Leitung einer christlichen Schule hin. Obwohl er ausgezeichnete Arbeit leistete, kehrte er in die säkulare Welt zurück, um einer regulären Arbeit nachzugehen. Als ich ihn kürzlich sah, sagt er: »Andrew, ich lag falsch. Ich dachte, die einzige Art, wie ich Gott dienen könne, sei im vollzeitlichen Dienst. Hingegen bin ich jetzt glücklicher und erfüllter als je zuvor. Tatsächlich gehe ich jetzt bei der Arbeit auf Leute zu und führe sie zum Herrn! Gott ist so gut!«

Fragst du Gott etwas wie: »Möchtest du, dass ich dir im vollzeitlichen Dienst diene oder überhaupt nicht diene?« Also, wenn du deine Frage so formulierst, dann wird Gott sagen: »Diene mir!« Aber es ist möglich, dass er es vorziehen würde, dass du in der Geschäftswelt bleibst und ihm auf diese Weise dienst. Du musst darauf achten, dass das, wofür du aus dem Boot steigen und deinen Glauben einsetzen willst, wirklich Gott ist, der dich führt, und nicht nur du, der die Dinge missversteht, verwirrt und falsch formuliert.

KAPITEL 8

STEIG AUS DEM BOOT

Da sprach er: Komm! Und Petrus stieg aus dem Schiff und ging auf dem Wasser, um zu Jesus zu kommen.
— Matthäus 14,29

Petrus beachtete nicht länger den heulenden Wind und die rauen Wellen – all das, was sie daran hinderte, es auf die andere Seite zu schaffen –, sondern schaute auf Jesus. Er glaubte, dass er Wunder tun konnte. Er hatte darum gebeten und Gott hatte ihm den Befehl gegeben – »Komm!«

Ein Wort von Jesus ist genug, um jegliche Umstände, Situationen oder Probleme, die versuchen, dich zu zerstören, zu überwinden. Ein Wort! Und die gute Nachricht ist: Wir haben viele Worte in der Bibel. Nur ein Wort, das für dich lebendig wird – zum Leben erweckt – ist genug, um jeglichen Sturm oder jegliches Problem, das dir begegnet, in deinem Leben zu überwinden. Das ist kraftvoll!

Manchmal denken wir: *Ich muss eine Unmenge Bibelstellen lesen, um meinen Glauben aufzubauen. Ich muss 15 Stunden täglich Gottes Wort studieren.* Doch Tatsache ist, dass nur eine Schriftstelle – ein Wort von Gott – deinen Glauben beleben kann. Es ist nicht immer die Menge, die den Unterschied macht, sondern, wie viel diese eine Sache, die Gott zu uns gesprochen hat, bedeutet.

Ich habe in Gottesdiensten schon neben Leuten gesessen, die genau dieselbe Botschaft wie ich hörten, und sie wurden vielleicht ein wenig gesegnet, aber sie haben einfach ihr Leben weitergelebt, ohne zu erkennen, wie mächtig das Wort, das sie hörten, wirklich war. Ich dagegen saß da und dachte darüber nach, bis dieses Wort in mir förmlich explodierte. Die anderen hatten die gleiche Fähigkeit wie ich, von diesem Wort zu empfangen, aber es hat sie einfach nicht in gleicher Weise beeindruckt.

Kraft im Wort Gottes

Du magst denken, dass das Wort »Komm!« kein besonders wichtiges Wort ist. Aber es wurde vom Schöpfer gesprochen – dem Einen, der alles Natürliche schuf, einschließlich Wasser und Wind. Dieses eine Wort hatte genug Kraft, dass Petrus auf dem Wasser gehen konnte. Genauso haben die Zusagen, die Gott dir gemacht hat, genug Kraft, damit du all das, was er dir aufgetragen hat, auch ausführen kannst.

Wenn Gott dich zum vollzeitlichen Dienst berufen hat, dann gilt:

> *Treu ist er, der euch beruft; er wird es auch tun.*
> *— 1. Thessalonicher 5,24*

Paulus sagte:

> *Und darum danke ich dem, der mir Kraft verliehen hat, Christus Jesus, unserem Herrn, dass er mich treu erachtet und in den Dienst eingesetzt hat. — 1. Timotheus 1,12*

Du wirst feststellen, dass Gott, wenn er dich beruft, dich bereits als treu erachtet hat; sonst hätte er dich nicht berufen. Mit anderen Worten: Der Herr hat Vertrauen in dich. Wenn Gott an dich glaubt, dann solltest du auch an dich selbst glauben. Wenn du darüber nachdächtest, dann würdest du begreifen: Wenn Gott jemanden beruft, steckt mehr in diesem Ruf, als man bisher vielleicht erkannt hat. Wenn Gott Vertrauen in dich hat, dann musst auch du etwas Vertrauen in dich und in die Fähigkeit Gottes in deinem Inneren setzen. Du kannst tun, was auch immer Gott dir aufgetragen hat!

Wenn Gott dich dazu berufen hat, zu heilen, du jedoch noch nicht erlebt hast, wie jemand geheilt wird, dann schau die Bibelstelle an, die sagt: »**durch dessen Striemen ihr geheilt worden seid**« (1Petr 2,24 ELB). Es gibt mehr als genug Kraft, um jegliches Problem, das du haben magst, zu überwinden, sei es im Bereich Gesundheit, Finanzen, Beziehungen etc. Das Wort Gottes hat mehr als genug Kraft, aber du musst Schritte tun und im Glauben handeln.

Es saßen zwölf Männer in jenem Boot, aber nur einer davon ging auf dem Wasser. Jeder von ihnen hätte das tun können. Nun bin ich mir wieder nicht sicher, ob das Gottes Bestes gewesen wäre, aber Petrus rief und sagte: »Wenn du es bist, dann lass mich kommen«, und der Herr ließ ihn kommen. Jeder einzelne dieser Jünger hätte das sagen und dasselbe tun können! Die meisten Menschen steigen aus Angst nie aus dem Boot. Sie weigern sich schlicht, den Glaubensschritt zu tun.

Die Leute sagen Dinge wie: »Ach, es ist normal, jeden Herbst und Winter krank zu werden. Du musst mit solchen Dingen wie einer Grippe rechnen. Wenn du älter wirst, dann verschlechtert sich deine Gesundheit. Du musst diese Dinge einfach zulassen.« So denkt die Welt; das ist das Boot der Welt!

Wir singen Lieder in der Art von »One Day at a Time« (Tag für Tag), wo es heißt: »Herr, ich bin doch nur ein Mensch«. Das ist kein sehr gutes Lied für einen Christen, denn wir sind nicht nur Menschen – ein Drittel von uns ist ganz eng mit dem Heiligen Geist verbunden! Wir müssen anfangen, uns im Glauben nach mehr auszustrecken. Wir müssen aus dem Boot steigen!

»Glaub einfach Gott!«

Eigentlich widersetzen sich die Menschen im Boot denen, die im Glauben aussteigen. Sie sagen: »Du willst also einfach Gott glauben? Glaubst du wirklich, dass er für all deine Bedürfnisse sorgen wird? Warum gehst du nicht zur Bank und vertraust ihr? Willst du wirklich Gott glauben, anstatt all diese Medikamente zu nehmen?« Versteh mich nicht falsch: Ich will damit sagen, dass es keine Sünde ist, diese Dinge zu tun. Es war keine Sünde, dass die Jünger im Boot saßen und zur anderen Seite aufbrachen. Aber wenn der Arzt sagt, dass du sterben wirst – wenn dein Boot in einen Sturm gerät –, warum solltest du dann immer noch dessen Behandlung fortsetzen, wenn sie nicht wirkt?

Ein Freund von mir starb kürzlich an Krebs. Ich weiß nicht alles über seine Situation, aber ich weiß, dass er ein Melanom hatte, das nicht auf die Behandlung ansprach. Er hatte bereits Operationen und Chemotherapie hinter sich. Er hatte alles gemacht, aber die Ärzte sagten, es nütze nichts. Deswegen fragte ich ihn: »Warum glaubst du nicht einfach Gott?«

»Nein, ich werde die Behandlungen fortsetzen.«

Nochmals, ich kannte seine Situation nicht gut genug, um zu wissen, was genau geschehen war, aber als er dies sagte, dachte ich: *Warum? Sie bewirken doch nichts Gutes!* Der Zweck dieser Behandlungen ist es, Zellen abzutöten. Die Ärzte hoffen einfach, dass es die Krebszellen trifft, aber es tötet auch die gesunden Zellen.

Diese Behandlungen nehmen dir die körperliche Kraft und schwächen dein Immunsystem.

Es gibt Leute, die Angst haben, einen Schritt aus dem Boot zu wagen. Sie fürchten sich davor, anders zu sein. Sie müssen so wie alle anderen sein. Doch alle anderen sind unglücklich, leiden und sterben. Sie haben einfach Angst, aus dem Boot zu steigen. Entscheide dich, anders zu sein. Steig aus dem Boot! Glaub einfach Gott!

»Wie lange willst du da sitzen bleiben?«

Ich habe mehrere Male jemandem gedient, der den Eindruck hatte, er solle ans Charis Bible College kommen. Bei jedem Gespräch sagte er: »Ich weiß, es ist Gott, aber …«, und er erwähnte seine spezifischen Ängste. Dieser Mann hatte Angst wegen seiner Arbeitsstelle, seiner Familie und fast allem, was man sich vorstellen kann. Schließlich weissagte ich ihm nach der Geschichte der Leprakranken am Tor von Samaria.

> *Es waren aber vier aussätzige Männer am Eingang des Tores, und einer sprach zum anderen: Weshalb bleiben wir hier, bis wir sterben? Wenn wir sprächen: Wir wollen in die Stadt gehen, wo doch Hungersnot in der Stadt herrscht, so müssten wir dort sterben; bleiben wir aber hier, so müssen wir auch sterben! So kommt nun, wir wollen zum Heer der Aramäer überlaufen! Lassen sie uns leben, so leben wir, töten sie uns, so sind wir tot! — 2. Könige 7,3–4*

Samaria war zu diesem Zeitpunkt unter syrischer Belagerung. Diese Leprakranken starben – wie alle anderen in der Stadt –, weil sie verhungerten. Schließlich fragten sie sich: »Was sollen wir tun?

Wenn wir hierbleiben, sterben wir. Wenn wir in die Stadt gehen, verhungern wir. Warum stehen wir nicht auf und gehen zu den Syrern? Wenn sie uns töten, was soll's? Aber sie könnten uns zu essen geben – und uns gehen lassen!«

Als die Aussätzigen in das syrische Lager gingen, stellte sich heraus, dass der Herr die Syrer glauben ließ, ein Geräusch zu hören, weshalb sie flohen. Sie ließen all ihr Gold, ihre Zelte, Kleider und Nahrungsmittel zurück. Diese Aussätzigen bekamen nicht nur Nahrung, sondern wurden auch reich und geehrt, weil sie diejenigen waren, die Gott benutzte, um dem Rest der Stadt diese gute Nachricht zu bringen.

Als ich diesem Mann diese Geschichte der Leprakranken erzählt hatte, fragte ich: »Wie lange willst du noch hier sitzen bleiben? Bis du stirbst? Mach einen Glaubensschritt in die Richtung, von der du glaubst, Gott wolle dich dorthin haben. Tu etwas!«

Geh das Risiko ein

Bevor du auf dem Wasser gehen kannst, musst du aus dem Boot steigen. Du musst bereit sein, von dem, was alle anderen tun, abzuweichen. Du musst bereit sein, auszusteigen und etwas Neues zu wagen. Du musst bereit sein, mit der Tradition zu brechen, dich auf den Weg zu machen und das Risiko des Scheiterns einzugehen.

Viele Menschen haben so viel Angst vor dem Scheitern, dass sie weiterhin in der Situation bleiben, in der sie sich befinden, wodurch sie garantiert weiterhin scheitern werden. Wenn du dich selbst nicht danach ausstreckst und im Glauben von Gott mehr erwartest als das, was du aus eigener Kraft schaffen kannst, dann bist du bereits ein Versager. Ich sage das nicht, um dich zu verurteilen oder zu verletzen, sondern eher, um dich herauszufordern.

Gott ist ein übernatürlicher Gott! Gott ist ein großer Gott! Er ist derjenige, »der weit über die Maßen mehr zu tun vermag als wir bitten oder verstehen, gemäß der Kraft, die in uns wirkt« (Eph 3,20).

Bist du normal?

Ist dein Leben nach dem Weltsystem »normal«? Kann irgendjemand einen Unterschied zwischen dir und den Menschen in deinem Umfeld sehen? Gehst du genauso oft zum Arzt wie sie? Hast du genauso viele Rechnungen und Schulden wie sie? Hast du die gleichen Sorgen und Nöte wie sie? Stört es dich genauso wie deinen nicht-christlichen Freund, wenn in dieser Welt nur Negatives passiert? Wenn dem so ist, dann läuft etwas grundlegend falsch.

Du musst Gott für etwas Größeres glauben! Es sollte genügend Beweise geben, um dich zu verurteilen, wenn du verhaftet würdest, weil du Christ bist. Etwas an dir sollte anders sein als bei deinem Nächsten, der kein Christ ist. Er oder sie ist tot, während du lebendig gemacht wurdest!

Bevor du jedoch sehen kannst, wie sich diese Art von Kraft in deinem Leben entfaltet, musst du die bewusste Entscheidung treffen, die Sicherheit des Bootes zu verlassen und aufs Wasser zu gehen. Bevor du ein »Wasserläufer« sein kannst, musst du bereit sein, aus dem Boot zu steigen. Damit du die wunderwirkende Kraft Gottes in deinem Leben sehen kannst, darfst du kein Risiko scheuen!

KAPITEL 9

Mach einen Glaubensschritt

Als der Herr mich am 23. März 1968 berührte, hat er ein Feuer in meinem Herzen entfacht. Obwohl ich bereits seit zehn Jahren wiedergeboren war, wandte ich mich zu diesem Zeitpunkt erst richtig Gott zu. Ich war zu dieser Zeit auf dem College und der Herr sagte zu mir: »Nein, das ist es nicht!« Gott hatte etwas Größeres für mich als mein Mathematik-Studium. Deswegen begann er, mich herauszufordern, einige Entscheidungen zu treffen.

Eine dieser Entscheidungen war, die Schule abzubrechen. Dies bedeutete einen Verlust von 350 Dollar pro Monat an staatlicher Unterstützung aus der Sozialversicherung meines verstorbenen Vaters. Wenn ich an der Schule bliebe, würde ich das Geld weiterhin bekommen. Wenn ich die Schule abbräche, würde ich es verlieren. Das löste Angst, Besorgnis und Beunruhigung in mir aus, denn 350 Dollar pro Monat war 1968 eine beachtliche Summe für einen jungen, alleinstehenden Mann. Viele Menschen gaben mir Ratschläge und meinten: »Das kann nicht Gott sein. Du gehst ein großes Risiko ein!« Warum also tat ich es? Ich wollte dem Herrn gehorchen.

Das geschah auch, als der Vietnam-Krieg seinen Höhepunkt erreicht hatte. Ich hatte eine Freistellung vom Kriegsdienst, solange ich auf dem College blieb. Aber wenn ich das College verließ, konnte ich mit einer Reise nach Vietnam rechnen, für die alle Kosten übernommen würden. Das war, bevor sie die Vietnam-Soldaten für den Einzug zum Kriegsdienst auslosten; es beruhte also nicht auf dem Zufallsprinzip. Wenn du die Schule abbrachst und ein gesunder 18- oder 19-jähriger Mann warst, dann musstest du nach Vietnam gehen. Es gab keine Alternativen. Ich riskierte, verletzt oder auf Lebzeiten verstümmelt zu werden oder sogar zu sterben. Trotzdem zog ich es durch und sprang aus dem Boot!

Ich tat einen Schritt auf das Wasser und begann im Übernatürlichen zu wandeln. Wenn Gott nicht durchkäme, würde ich untergehen! Wenn ich jetzt darauf zurückschaue, erkenne ich, dass dies eine der großartigsten Entscheidungen war, die ich je in meinem Leben getroffen habe. Seitdem habe ich Tausende und Abertausende von Entscheidungen getroffen, bei denen es einfacher gewesen wäre, in meiner jeweiligen Komfortzone zu bleiben. Aber ich wollte Gott vertrauen. Ich sehnte mich danach, ihm nachzufolgen und dorthin zu gehen, wo Jesus war.

Da du dieses Buch liest, wünschst du dir vermutlich auch, dort draußen auf dem Wasser zu sein. Du möchtest etwas Übernatürliches tun und dafür sorgen, dass dein Leben für das Reich Gottes etwas zählt. Du sehnst dich nach Gottes Kraft, aber du fürchtest dich davor, das Boot zu verlassen.

Glaubenstöter

Petrus wäre nie auf dem Wasser gewandelt, wenn er nicht zuerst aus dem Boot gestiegen wäre. Du musst aus dem Boot steigen, bevor du auf dem Wasser gehen kannst. Du kannst nicht im Boot auf dem Wasser wandeln. Du musst deine Komfortzone verlassen. Die Angst, anders zu sein, ein Risiko einzugehen und der Wunsch nach Sicherheit sind wahre Glaubenstöter.

Und sie versuchten Gott immer wieder und begrenzten den Heiligen Israels. — Psalm 78,41 KJV

Du begrenzt Gott, wenn du keine Vision hast, dich vor Unbekanntem fürchtest, in kleinen Dimensionen denkst und Veränderung fürchtest; wenn du nicht bereit bist, ein Risiko einzugehen, und Angst hast, zu versagen; wenn du keinen Glaubensschritt tust, faul bist und im Boot bleibst. Das begrenzt, was Gott in deinem Leben tun kann. Du musst aufhören, Gott zu begrenzen! Meine Lehre *Begrenze Gott nicht!* wird dir zeigen, wie du das tun kannst.

Den Baum erklettern

Manche Menschen können sich einfach nicht dazu überwinden, die sogenannte Sicherheit, die die Welt zu bieten hat, loszulassen, um das Boot zu verlassen. Doch die besten Früchte wachsen in den oberen Zweigen des Baumes! Die meisten von uns möchten sich am Baumstamm festhalten und trotzdem die Früchte haben, die auf den oberen Zweigen wachsen. So funktioniert das aber nicht. Du musst dich ganz nach oben wagen, wo dich der Wind hin- und herschaukelt. Du musst diese Unsicherheit spüren, wenn du hin und her wackelst und dich fragst: *Wird mich dieses Ding auch halten?* So kommt die Frucht.

Wenn du aus dem Boot aussteigst und anfängst, Gott in Bezug auf etwas Großes zu glauben, dann wirst du beginnen, Wunder zu sehen. Ich steige seit vier Jahrzehnten aus dem Boot und bin jedes Mal begeistert, wenn ich etwas Großes tue! Ich habe einige große Schritte getan in meinem Leben. Ich zog von einem kleinen 1300 Quadratmeter großen Gebäude in ein 10.000 Quadratmeter großes Gebäude um. Wir haben nicht nur den immensen

Schritt gewagt, dieses Gebäude zu kaufen, sondern haben es auch für über 3 Millionen US-Dollar schuldenfrei renoviert. Während wir all diese Dinge taten, haben wir auch unsere Fernsehpräsenz verdoppelt und unsere Mitarbeiterzahl mehr als verzweifacht. Das war ein riesiger Schritt heraus aus meinem Boot, und es ist noch nicht vorbei!

Ich habe neue Glaubensschritte getan, die meine früheren klein erscheinen lassen. Wenn der Herr nicht durchkommt, dann gehen wir unter. Aber ich habe Glauben, dass das Beste noch kommt! Ich werde nie wieder auf Nummer sicher gehen. Ich gebe mein Bestes!

Du magst sagen: »Andrew, das solltest du nicht sagen. Was, wenn es nicht funktioniert?« Tja, und was, wenn doch? Ich habe Gott schon so viele Male durchkommen sehen. Ich weiß, dass er nicht begrenzt ist. Die einzige Begrenzung, die er hat, bin ich. Also steige ich aus dem Boot!

Angst vor Versagen

Was wäre, wenn ich es, so wie Petrus, nicht perfekt mache? Was passiert, wenn ich nur einen Teil des Weges gehe? Was würde passieren, wenn sich nur ein Teil meiner Vision verwirklichen würde? Was passiert, wenn ich nach den Sternen greife, aber nur den Mond erreiche? Einige Leute würden das als Versagen betrachten. Ich halte das immer noch für besser, als erdgebunden zu bleiben.

Wir haben einfach solche Angst zu versagen. Wir haben solche Angst davor, was andere Leute über uns reden. Dennoch glaube ich, dass diejenigen Menschen, die nichts tun, die größten Versager sind. Ein Schuss ins Blaue kann auch ein Treffer sein!

Petrus musste aus dem Boot steigen. Er musste über seine unmittelbaren Umstände hinausblicken und anfangen, sein Vertrauen darauf zu setzen, dass Gott etwas Größeres wirkt. Wenn du auf dem Wasser gehen willst, musst du bereit sein, aus dem Boot zu steigen. Einige Leute weigern sich, das Ufer aus den Augen zu verlieren. Sie möchten nicht weiter als knöcheltief ins Wasser gehen. Sie haben Angst vor dem, was da draußen sein könnte.

Wenn du wüsstest, dass das Wasser nur 15 Zentimeter tief ist, würdest du nichts dagegen haben, aus dem Boot zu steigen. Warum? Du wüsstest, was unter der Oberfläche ist. Einer der Aspekte, wenn man wirklich aus dem Boot steigt, ist jedoch, nicht zu wissen, was da draußen ist. Du weißt nicht, wie tief das Wasser ist, also hast du es mit der Angst vor dem Unbekannten zu tun. Wahrscheinlich wächst dir das über den Kopf! Aber – um aus dem Boot zu steigen und auf dem Wasser zu gehen, muss man bereit sein, die Ergebnisse – die Zukunft, das Unbekannte – Gott anzuvertrauen.

Probier mal was Neues

Du musst bereit sein, ein Risiko einzugehen. Wenn du der Typ Mensch bist, der sein ganzes Leben vorausgeplant haben will und sich einfach weigert, ein Risiko einzugehen, dann wirst du nie auf dem Wasser gehen. Wenn du darauf bestehst, genau zu wissen, wo du sein wirst, was du tun wirst und mit wem du in zwanzig Jahren etwas tun wirst, wirst du niemals Gottes Bestes sehen. Es erfordert Glauben, um die echte, übernatürliche Kraft Gottes zu sehen.

Ein guter Freund von mir sagt: »Gott erschreckt dich normalerweise, bevor er dich erbaut!« Gottes Vision für dein Leben wird größer sein als das, was du tun kannst, und sie wird dich überwältigen. Mein Freund sagt auch: »Wenn deine Träume und Visionen dich nicht nachts wachhalten, dann denkst du in zu kleinen Dimensionen!« Wenn es von Gott ist, dann wird er dich zu etwas berufen, das über deine Fähigkeiten hinausgeht. Es soll dir ruhig über den Kopf wachsen. Mag auch sein, dass du scheiterst. Das gehört einfach dazu, wenn du dein geistliches Herrschaftsgebiet erweitern willst!

Zum Gehen auf dem Wasser gehört auch die Bereitschaft, das sichere Boot zu verlassen. Du musst hinter dir lassen, was dir vertraut ist und was alle anderen tun. Du musst bereit sein, etwas Neues auszuprobieren. Geh raus und riskiere etwas!

Gelähmt

Ich diente einmal einem gelähmten Mann. Er war seit 20 Jahren gelähmt. Ich betete für ihn, und er begann, seine Beine zu bewegen. Aber er wollte nicht aus seinem Rollstuhl aussteigen. Er hatte immer eine Entschuldigung – zuerst dies, dann das. Ich wusste aber in meinem Herzen, dass er geheilt war.

Nach ein paar Wochen fiel er schließlich in seinen alten Zustand zurück und war wieder gelähmt. Schließlich sagte er zu mir: »Ich habe Angst, aus dem Rollstuhl zu steigen. Ich habe 20 Jahre darin gesessen. Ich war früher Sheriff und wurde gelähmt, als ich im Dienst eine Kugel in die Wirbelsäule bekam. Wenn ich aus diesem Rollstuhl aussteigen und gehen würde, dann würde ich meine Invalidenrente verlieren. Zudem denken die Leute, ich sei ein Held. Sie haben Mitleid mit mir und fühlen mit mir mit. Das würde ich auch verlieren, wenn ich wieder gehen könnte. Die Leute würden sich fragen, ob ich jemals wirklich gelähmt war. Ich fühle mich sicher. Ich könnte jetzt nicht mehr rausgehen und mir eine andere Arbeit suchen. Ich kann nichts anderes tun, als Sheriff zu sein, und ich bin zu alt, um wiedereinzusteigen.

Dieser Mann war erst etwa 50 Jahre alt, aber er hatte Angst davor, aus seinem Rollstuhl zu steigen, weil er sich an das Geld, das Mitleid und die Aufmerksamkeit gewöhnt hatte, die er bekam. Dieser Mann war gelähmt. Er war eingeschränkt. Er verpasste so viel vom Leben, war aber bereit, es an sich vorüberziehen zu lassen, um Geld zu haben, seine Freunde zu behalten und Mitleid und Anteilnahme zu bekommen. Er missachtete völlig die Tatsache, dass er alle möglichen neuen Freunde hätte finden, Gott verherrlichen und Dinge tun können, die er vorher nicht getan hatte. Der Herr hätte ihn versorgt. Wer weiß, wie seine Zukunft hätte sein können, wenn er bereit gewesen wäre, aus dem Rollstuhl zu steigen.

Was ist dein Boot?

Der Rollstuhl dieses Mannes war sein Boot. Was ist dein Boot? Ist deine Heimatstadt dein Boot? Fühlst du dich sicher in deiner Heimat und hast Angst, wegzuziehen? Ich sage nicht, dass Gott jedem sagt, er solle seine Heimatstadt verlassen, aber du könntest zu etwas berufen sein, wodurch du die Sicherheit deiner Heimatstadt und anderer gewohnter Orte verlieren würdest. Wenn du Gott mit voller Kraft dienen würdest, könntest du einige Freunde verlieren. Du sagst vielleicht: »Aber was würde ich ohne sie tun?« Falsche Frage! Was tust du wegen ihnen nicht? Bist du bereit, Gottes Willen an dir vorbeiziehen zu lassen, nur weil du Angst hast, das Risiko einzugehen, aus dem Boot zu steigen?

Ich habe einige Freundschaften, die viele Jahre bestanden, verloren, als ich mich rückhaltlos dazu entschloss, Gott zu dienen. Das hat mich damals sehr betrübt, aber seitdem hat Gott mir unzählige andere Freunde geschenkt – bessere Freunde, engere Freunde. Die Verheißung des »hundertfachen« Gewinnes ist für diejenigen, die aus dem Boot steigen (Mk 10,28–30). Wirst du einer derjenigen sein, die aus dem Boot steigen?

Du kannst sehen, was du aufgibst, aber nicht, was du verpasst. Mit anderen Worten, die Rückschau gibt dir die Fähigkeit, zu sehen, was es dich gekostet hat, Gott zu dienen; aber du hast nicht die Fähigkeit, nach vorne zu schauen und zu sehen, was du verpassen wirst, wenn du ihm nicht dienst. Gott ist ein guter Gott. Er wird nie mehr von dir verlangen, als er dir gibt. Du wirst immer gesegneter sein, wenn du dem Herrn folgst, als wenn du ihm nicht folgen würdest. Aber du musst bereit sein, aus dem Boot zu steigen!

KAPITEL 10

Glaube gefällt Gott

Petrus ging auf dem Wasser, und die Leute kritisierten ihn. Außer Jesus ist er immerhin der einzige Mensch, der jemals leibhaftig auf dem Wasser gelaufen ist. Petrus hat es vielleicht nicht perfekt gemacht, aber er hat es getan. Ich glaube wirklich, Gott war begeistert, als Petrus aus dem Boot stieg und auf dem Wasser lief.

> *Ohne Glauben aber ist es unmöglich, ihm wohlzugefallen; denn wer zu Gott kommt, muss glauben, dass er ist und dass er die belohnen wird, welche ihn suchen. — Hebräer 11,6*

Es gab Zeiten, da habe ich versagt. Ich begann zu versuchen, Gott zu glauben, und machte einige Fehler. Nachdem ich zwei Schritte vorwärtsgegangen war, musste ich den Rückzug antreten und einen Schritt zurückgehen. Ich musste Mitarbeiter entlassen und Radiosendern absagen. Es gab Zeiten, wo ich mich zurückbewegen musste. Ich denke nicht, dass es Gottes Wille war. Ich habe einfach nur nicht alles perfekt getan. Ich bin unterwegs gestolpert und gestürzt. Es gab Zeiten, in denen ich mit der Bezahlung meiner Rechnungen in Verzug war. Der Herr wollte nicht, dass das so war. Gott sei gelobt, seit den frühen neunziger Jahren war ich nie mehr mit dem Bezahlen einer Rechnung im Verzug.

Es gab eine Zeit in meinem Dienst, in der wir uns schwertaten. Es gab eine Zeit, in der ich versagte und Gott nicht richtig repräsentierte. Leute kritisierten mich und sagten: »Du bist ja ein feiner

Christ!« Einige Leute konzentrierten sich auf die Tatsache, dass ich es nicht perfekt machte und verurteilten mich. Aber ich glaube, Gott schaute auf mich und sagte: »Er mag es vielleicht noch nicht exakt richtig machen, aber immerhin ist er aus dem Boot gestiegen und versucht es!«

Ich glaube nicht, dass der Herr mir Vorwürfe machen oder sich gegen mich wenden würde, wenn ich versuche, ihm zu gehorchen. Ich habe nicht immer alles richtig gemacht. Manchmal habe ich ein Wort genommen und einen Paragrafen daraus gemacht. Manche Leute sehen das und sagen: »Du lagst also komplett falsch!« Nun ja, ich lag daneben und habe Fehler gemacht – aber Gott liebt Glauben! Ohne Glauben ist es unmöglich, Gott zu gefallen (Hebr 11,6). Glaube gefällt Gott. Auch wenn ich manchmal versagt haben mag, hat der Herr mich doch ermutigt und mich gedrängt, vorwärtszugehen!

Ich erinnere mich, wie meine Kinder lernten, Fahrrad zu fahren. Es brauchte einige Anläufe, bis sie den Dreh raushatten. Auf dem Weg dahin haben sie einige Fehler gemacht. Es wäre wunderbar gewesen, wenn sie einfach auf ein Fahrrad steigen und es perfekt fahren hätten können – ohne zu wackeln und irgendwelche Fehler –, aber das tun die meisten Kinder nicht. Aus Angst werden die meisten von ihnen wackeln, fallen und sich vielleicht sogar verletzen. Aber ihre Väter helfen ihnen wieder auf, ermutigen sie und sagen: »Du kannst das! Das ist nicht schlimm. Ich bin auch vom Fahrrad gefallen, als ich das Fahren lernte.«

Als liebende Eltern ermutigen wir unsere Kinder, dranzubleiben, bis sie irgendwann die Fähigkeit, Fahrrad zu fahren, erlangt haben. Auf dem ganzen Weg schaut man sie einfach nur an und ermutigt sie mit den Worten: »Ich bin stolz auf dich, weil du es versuchst!«

Unser himmlischer Vater ist noch mehr ein solcher Vater, als wir ahnen. Als Petrus zu sinken begann, sagte Gott nicht: »Du hast es nicht perfekt gemacht. Du hast versagt. Du bist nicht die ganze Strecke bis zu Jesus gegangen. Du bist nur knapp 20 Meter weit gekommen!«, sondern, ich glaube, der Herr hat gerufen: »Petrus, du bist tatsächlich auf dem Wasser gegangen!« Petrus hat etwas getan, was kein menschliches Wesen außer Jesus je getan hat. Gott muss beeindruckt gewesen sein! Er war begeistert zu sehen, wie sein Sohn es versuchte! Obwohl Petrus versagte und zu sinken begann, war Gott erfreut.

Steh auf und versuch's nochmal

Du magst versagen. Wenn du aus dem Boot steigst, gehst du das Risiko ein, unterzugehen. Petrus ging nicht ganz unter, aber er begann zu sinken (Mt 14,30), und Jesus musste ihn retten. Die gute Nachricht ist, dass Jesus Petrus befreite. Er hat ihn nicht einfach unter Wasser gedrückt und gesagt: »Armseliger Kerl. Dein Glaube hat versagt! Du hast nicht am Glauben an mich festgehalten. Wie kannst du es wagen!« Nein! Nein, im Gegenteil, anstatt ihn untergehen zu lassen, hat der Herr ihm seine Hand hingestreckt und ihn herausgezogen.

Wenn du scheiterst, wird Jesus da sein. Auch wenn Leute hart mit dir umgehen und sagen: »Nun ja, du hast das nicht richtig gemacht«, wird Jesus dich ermutigen, es weiter zu versuchen. Er wird sagen: »Ich bin so stolz auf dich. Nichts wie ran! Steh auf und versuch's noch einmal!«

Wenn du auf dem Wasser gehen willst, dann musst du aus dem Boot steigen. Du musst etwas tun. Wenn du versagst, fällt der Herr nicht von seinem Thron. Das Reich Gottes steht und fällt nicht mit deinem Erfolg oder Versagen. Wenn du im Glauben an Gott scheiterst, bist du trotzdem ein Erfolg. Du hast es versucht. Du bist aus dem Boot gestiegen. Du bist auf dem Wasser gewandelt.

Wenn du aus Überheblichkeit heraus handelst, weil du nicht auf Gott, seinen Weg und seinen Zeitplan wartest – dann ist das eine andere Sache. Aber wenn du es aus reinem Herzen tust und wahrhaftig sagen kannst: »Vater, ich tue das, weil ich von ganzem Herzen glaube, dass du es bist, der mich dazu bringt, einen Schritt des Glaubens zu tun, dir zu vertrauen, aus diesem Boot zu steigen und in diese Richtung zu gehen«, dann tu es! Wenn du versagst, dann versagst du nicht. Du bist ein Erfolg in Gottes Augen!

Folge seiner Führung

Wenn wir vor Gott stehen und er uns für das richtet, was zu unseren Lebzeiten geschehen ist, werden wir, glaube ich, überrascht sein. Er wird Leute ansehen, die die Welt als Versager betrachtet hat, und sagen: »Du bist im Glauben hinausgegangen und hast versucht, mir zu gehorchen.« Es ist der Glaube, der Gott gefällt!

Der Herr hat mehr Gefallen an Glauben als an »Erfolg«. Wenn du auf die eine oder andere Weise »Erfolg haben« konntest, ohne Gott zu vertrauen, hast du versagt. Du könntest Geld, Ansehen, Ehre, Anerkennung, Besitztümer und Einfluss erworben haben, aber wenn du nicht wirklich Gott vertraut hast und nicht hinausgegangen bist, um das zu tun, was er von dir wollte, dann hast du versagt. Du magst in den Augen der Menschen sehr erfolgreich gewesen sein, aber Gott wird dich ansehen und sagen: »Du hast leider nicht getan, was ich von dir wollte.«

Auf der anderen Seite wird es Menschen geben, die in den Augen der Welt nicht viel wert waren. Sie hatten nicht viel, und doch vertrauten sie auf Gott. Sie glaubten ihm und taten, was er ihnen aufgetragen hatte. Der Herr wird zu ihnen sagen: »Du guter und treuer Knecht!« Gott gründet seine Meinung über Treue niemals nur auf das Ergebnis, sondern vielmehr darauf, ob du seiner Führung gefolgt bist oder nicht. Das ist ermutigend!

Wenn du auf dem Wasser gehen und die wunderwirkende Kraft Gottes in deinem Leben sichtbar erleben willst, dann steig aus dem Boot und vertraue Gott. Wenn du versagst, dann hast du etwas gelernt. Jesus wird dich herausziehen. Wenn der Herr sein zweites Kommen hinauszögert, dann werden Leute 2000 Jahre in der Zukunft darüber reden, wie du Gott vertraut hast. Du wirst für jemand anderen eine Inspiration sein, so wie Petrus für uns. Wenn Petrus im Boot geblieben wäre, würden wir jetzt nicht über sein Gehen auf dem Wasser sprechen. Dieses Kapitel wäre nicht in der Bibel. Preis sei Gott, dass jemand genug Glauben hatte, um Gott zu vertrauen. Obwohl er gescheitert ist, bewundere ich Petrus dafür, dass er über sich hinausblicken, aus dem Boot steigen, auf das Wasser hinausgehen und Jesus vertrauen konnte. Das ist fantastisch!

Möchtest du auf dem Wasser gehen? Halt mal inne! Steig aus dem Boot! Tu etwas!

KAPITEL 11

Wegen eures Unglaubens

Und Petrus stieg aus dem Schiff und ging auf dem Wasser, um zu Jesus zu kommen. — Matthäus 14,29

Um auf dem Wasser gehen zu können, musst du aus dem Boot steigen. Du musst die gegenwärtige Bequemlichkeit und Sicherheit verlassen und ein Risiko eingehen. Sprenge den Rahmen. Entferne dich von der Masse. Tu etwas! Jeder will auf dem Wasser gehen, aber niemand will aus dem Boot steigen.

Als er [Petrus] aber den starken Wind sah, fürchtete er sich, und da er zu sinken anfing, schrie er und sprach: Herr, rette mich! Jesus aber streckte sogleich die Hand aus, ergriff ihn und sprach zu ihm: Du Kleingläubiger, warum hast du gezweifelt? Und als sie in das Schiff stiegen, legte sich der Wind. Da kamen die in dem Schiff waren, warfen sich anbetend vor ihm nieder und sprachen: Wahrhaftig, du bist Gottes Sohn! — Matthäus 14,30–33

… und der See wurde aufgewühlt, da ein starker Wind wehte. Als sie nun etwa fünfundzwanzig oder dreißig Stadien gerudert waren, sehen sie Jesus auf dem See dahergehen und nahe an das Boot herankommen, und sie fürchteten sich. Er aber spricht zu ihnen: Ich bin es, fürchtet euch nicht!

Sie wollten ihn nun in das Boot nehmen, und sogleich war das Boot am Land, wohin sie fuhren. — *Johannes* 6,18–21 ELB

Hier finden wir einen Grund, warum wir dieselbe Geschichte in allen Evangelien betrachten und zusammenfügen sollten. Nur Matthäus erwähnt, dass Petrus von Jesus erbat, auf dem Wasser wandeln zu können, und nur Johannes erwähnt, dass nicht nur der Wind aufhörte, sobald Jesus das Boot bestiegen hatte, sondern auch das Boot mitsamt den Insassen augenblicklich an das andere Ufer transferiert wurde. Markus erzählt einige Dinge, die Jesus über die Härte des Herzens sagte. Würde man nur das Markusevangelium nehmen, dann wüsste man nicht, dass Petrus auf dem Wasser ging und das Boot mitsamt den Insassen zum anderen Ufer transferiert wurde. Auch wenn die Ereignisse noch immer sehr wundersam gewesen wären, wären dir einige Infos entgangen. Jedes einzelne Evangelium vermittelt uns einen etwas anderen Blickwinkel. Um die ganze Geschichte zu erfahren, müssen wir alles zusammenfügen.

Der natürliche Bereich

Petrus stieg aus dem Boot und wandelte auf dem Wasser. Aber Matthäus 14,30 erwähnt besonders:

Als er aber den starken Wind sah, fürchtete er sich, und da er zu sinken anfing, schrie er und sprach: Herr, rette mich!

Petrus sah den heftigen Wind, bekam Angst und begann zu sinken. Welche Rolle spielte der stürmische Wind in diesem Zusammenhang? Das, was seine Aufmerksamkeit von Jesus ablenkte (der

Wind zum Beispiel) und dazu führte, dass er zu sinken begann, war etwas Unwesentliches. Es hatte in Wirklichkeit gar nichts damit zu tun. Hätte Petrus weiter seine Augen auf Jesus, den Anfänger und Vollender seines Glaubens (Hebr 12,2), gerichtet, wäre er den ganzen Weg zum Herrn auf dem Wasser gegangen. Danach hätte er gemeinsam mit Jesus zurück zum Boot oder zum anderen Ufer oder wo immer er hinwollte gehen können. Er hatte schon bewiesen, dass er auf dem Wasser wandeln konnte. Er hatte sich bereits den Naturgesetzen widersetzt. Er war im Glauben gewandelt. Der Wind und die Wellen hatten überhaupt nichts damit zu tun, dass er auf dem Wasser ging. Im Natürlichen hätte er auch an einem völlig ruhigen Tag nicht auf dem Wasser gehen können. Der Wind war nur etwas, das seine Aufmerksamkeit von Jesus ablenkte.

Als Petrus seine Augen von Jesus abwandte und auf den Wind und die Wellen richtete, begann er den natürlichen Bereich in den Blick zu nehmen. Der natürliche Bereich begann dann wahrscheinlich seinen Verstand mit Gedanken zu überfluten, wie: *Ich sollte gar nicht hier sein. Das ist verrückt. Du kannst das nicht.* Wir wurden alle gelehrt, nicht hinaus auf einen See zu fahren und zu versuchen, auf dem Wasser zu gehen. Petrus hatte auch sein ganzes Leben damit verbracht, zu lernen, dass man besser im Boot bleibt. Als er dann den Wind und die Wellen sah, kam ihm das alles in Erinnerung und brachte ihn zum Zweifeln.

»Kleinglaube«

Als Petrus schrie: »Herr, rette mich«, streckte Jesus sogleich …

> *… die Hand aus, ergriff ihn und sprach zu ihm: Du **Kleingläubiger**, warum hast du gezweifelt? — Matthäus 14,31*

Beachte, dass Jesus sagte, Petrus sei »kleingläubig«. Die meisten Leute meinen, dass man großen Glauben, einen riesigen Glauben oder tonnenweise Glauben brauche, um etwas wirklich Übernatürliches zu tun. Aber der Herr sagte, Petrus hätte kleinen Glauben. Doch solange der kleine Glaube auf Jesus ausgerichtet war, reichte er aus, um auf dem Wasser zu gehen.

»Du Kleingläubiger, warum hast du gezweifelt? (Mt 14,31). Jesus erwähnt hier eine wichtige Wahrheit, die die meisten Christen nicht wirklich verstanden haben, weil sie zu beschäftigt damit sind, ihren Glauben aufzubauen, um »großen« Glauben zu haben. Der Schlüssel zum Leben als Christ ist jedoch nicht »großer« Glaube, sondern eher »kleiner« Unglaube.

Die Bedürfnisse der Menschen erfüllen

Als Jesus und drei seiner Jünger gerade vom Berg der Verklärung heruntergekommen waren, kam ein Mann mit seinem besessenen Sohn zu Jesus, damit dieser den Dämon austreibe. Da Jesus mit Petrus, Jakobus und Johannes oben auf dem Berg war, hatte der Mann zunächst die anderen Jünger gebeten, den Dämon auszutreiben. Sie versuchten es, konnten es aber nicht.

> *Und als sie [Jesus und die drei Jünger, die mit ihm zurückkamen] zur Volksmenge kamen, trat ein Mensch zu ihm, fiel vor ihm auf die Knie und sprach: Herr, erbarme dich über meinen Sohn, denn er ist mondsüchtig und leidet schwer; er fällt nämlich oft ins Feuer und oft ins Wasser!*
> *— Matthäus 17,14–15*

Das Wort »mondsüchtig« bedeutet hier, dass der Junge eine Art Anfall hatte. Wenn der Dämon den Jungen mit Krämpfen plagte, warf er ihn ins Feuer und ins Wasser. Die meisten Gelehrten glauben, dass es um etwas Ähnliches wie Epilepsie geht.

Und ich habe ihn zu deinen Jüngern gebracht, aber sie konnten ihn nicht heilen. Da antwortete Jesus und sprach: O du ungläubiges und verkehrtes Geschlecht! Wie lange soll ich bei euch sein? Wie lange soll ich euch ertragen? Bringt ihn her zu mir! — Matthäus 17,16–17

Jesus sagte nicht etwa: »Leute, es tut mir leid. Ihr könnt nichts dafür. Ihr habt nicht die Kraft, um damit umzugehen. Ich hätte für euch da sein sollen. Ihr braucht deswegen kein schlechtes Gewissen zu haben.« Nichts von alledem! Stattdessen erwiderte der Herr: »O du ungläubiges und verkehrtes Geschlecht!« (Mt 17,17).

Er tadelte sie, indem er sagte: »Wie lange soll ich denn hierbleiben?« Mit anderen Worten: Jesus wollte, dass die Jünger fähig wären, seinen Dienst weiterzuführen.

Heutzutage empfindet die Gemeinde keinerlei Schuld, wenn sie den Bedürfnissen unserer Gesellschaft nicht gerecht wird. Wenn Menschen mit psychischen Problemen zu uns kommen, dann schicken wir sie zum Psychiater. Körperlich Kranke schicken wir ebenso zum Arzt. Menschen mit finanziellen Problemen schicken wir zur Bank oder zum Sozialamt. Gott hingegen will, dass die Gemeinde die körperlichen, sozialen und emotionalen Bedürfnisse der Menschen stillt. Über die heutige Unfähigkeit der Gemeinde, dem nachzukommen, ist Gott nicht erfreut. Wenn Jesus heute physisch unter uns wäre, würde er dasselbe sagen: »Ihr sollt die Kranken heilen, die Aussätzigen reinigen und die Toten auferwecken.

Ihr sollt die Leute nicht zu Psychiatern und zum Sozialamt schicken. Ihr solltet die Bedürfnisse der Leute stillen!«

Warum hat es nicht geklappt?

Und Jesus befahl dem Dämon, und er fuhr von ihm aus, und der Knabe war gesund von jener Stunde an. Da traten die Jünger allein zu Jesus und sprachen: Warum konnten wir ihn nicht austreiben? — Matthäus 17,18–19

Nun, das ist eine sehr wichtige Frage, die die Jünger stellten. In Matthäus 10 hatten die Jünger bereits einen Auftrag vom Herrn erhalten. Er hatte ihnen Autorität und Macht über alle unreinen Geister gegeben, um sie auszutreiben. Die Jünger gingen hinaus, kamen zurück und stellten keine Fragen wie »Warum hat es nicht funktioniert?« oder »Wie kommt es, dass das nicht passiert ist?« Das Fehlen einer Frage bedeutet, dass sie zu 100 Prozent erfolgreich waren. Aber hier, in Matthäus 17, taten sie dasselbe, was sie vorher schon getan hatten, aber nicht mit demselben Resultat.

Hast du jemals für etwas gebetet, von dem du wirklich geglaubt hast, es sei Gottes Wille, aber es ist nicht eingetroffen? Vielleicht hast du bei dir selbst oder bei jemand anderem schon einmal Heilung oder Befreiung erlebt, aber dieses Mal hat es sich nicht manifestiert. Aus diesem Grund steckst du in einem Dilemma, weil du doch weißt, was du glaubst. Du hast schon einmal gesehen, dass der Glaube funktioniert, aber dieses Mal hast du alles getan, was du deiner Beurteilung nach tun konntest, aber dies hat keine richtigen Erfolge erzielt.

Es ist wichtig, das herauszustellen, da es einige Leute gibt, die nicht glauben, dass Gott heute noch Wunder tut. Diese Leute fragen nicht: »Warum hat es nicht funktioniert, als ich betete?«, weil sie gar nicht erwarteten, dass Gott sich bewegt. Die Gläubigen, die am meisten verärgert und am anfälligsten für Verurteilung sind oder für das Gefühl, Gott habe sie im Stich gelassen, sind diejenigen, die wissen, dass der Glaube funktioniert, die geglaubt haben oder die erlebt haben, wie andere frei gemacht wurden. Dieses Mal taten sie dasselbe, aber es geschah nichts. Deswegen ist diese Frage – und Jesu Antwort – sehr wichtig.

> *Jesus aber sprach zu ihnen: Um eures* ***Unglaubens*** *willen!*
> *— Matthäus 17,20*

Jesus sagte nicht: »Weil ihr nicht geglaubt habt« oder wegen eures »Kleinglaubens« (wie u. a. die *Neue Genfer Übersetzung* fälschlicherweise übersetzt). Das glauben die meisten Leute. Sie denken: *Moment mal. Wenn sie für etwas gebetet haben und es nicht verwirklicht sahen, dann deshalb, weil sie keinen Glauben hatten oder ihr Glaube zu klein war.* Das hat Jesus aber nicht gesagt. Du kannst glauben und gleichzeitig Unglauben haben.

KAPITEL 12

Glaube nur!

Und sie brachten ihn [den besessenen Knaben] zu ihm [Jesus]. Und sobald der Geist ihn sah, zerrte er ihn, und er fiel auf die Erde, wälzte sich und schäumte. Und er fragte seinen Vater: Wie lange geht es ihm schon so? Er sprach: Von Kindheit an; und er hat ihn oft ins Feuer und ins Wasser geworfen, um ihn umzubringen; doch, wenn du etwas kannst, so erbarme dich über uns und hilf uns! — Markus 9,20–22

Der Vater begann zu verzweifeln. Sein Glaube begann zu schwinden. Er sagte: »**WENN** du etwas kannst …« Er fing an, an der Befreiung zu zweifeln, die er sich ersehnte.

Jesus aber sprach zu ihm: Wenn du glauben kannst – alles ist möglich dem, der glaubt! — Markus 9,23

Dieser Mann muss einen starken Glauben gehabt haben, um seinen besessenen Sohn zu Jesus zu bringen. Wenn er nicht an etwas geglaubt hätte, dann hätte er nicht all diesen Aufwand auf sich genommen. Offensichtlich war dieser Junge so besessen, dass er nur schwer unter Kontrolle zu halten war. Er fiel zu Boden, wälzte sich und schäumte aus dem Mund. Dieser Vater kam und erwartete etwas, aber »hingehaltene Hoffnung macht das Herz krank« (Spr 13,12). Nachdem er gesehen hatte, dass die Jünger nicht in der Lage waren, den Dämon auszutreiben, dass der Junge hinfiel und anfing, sich zu wälzen und zu schäumen, und er hörte, wie Jesus fragte, wie lange er schon so wäre, begann dieser Vater in seinem Glauben zu schwanken.

Im Grunde genommen übergab dieser Mann die Verantwortung dem Herrn, als er sagte: »Jesus, wenn du etwas tun kannst …« Doch der Herr drehte es direkt um und gab ihm die Verantwortung zurück, indem er sagte: »**Wenn du glauben kannst** – alles ist möglich dem, der glaubt!« (Mk 9,23).

Glaube und Unglaube

Beachte die Antwort des Vaters:

> *Und sogleich rief der Vater des Knaben mit Tränen und sprach: Ich glaube, Herr; hilf mir, [loszukommen] von meinem Unglauben! — Markus 9,24*

Das ist bemerkenswert! Der Mann sagte: »Ich habe Glauben, aber ich habe auch Unglauben. Herr, hilf mir, von meinem Unglauben loszukommen!« Jesus wandte nicht ein: »Also, warte mal: Wenn du Glauben hast, dann hast du keinen Unglauben. Und wenn du Unglauben hast, dann hast du keinen wahren Glauben.« Nein, offensichtlich kann man gleichzeitig Glauben und Unglauben haben!

Die Heilung von Jairus' Tochter offenbart dieselbe Wahrheit. Als der Herr hinging, um ihr zu dienen, wurde er dabei von der Frau mit dem Blutfluss unterbrochen. Er diente der Frau, und sie wurde vollständig geheilt. Doch …

Während er noch redete, kamen etliche von den Leuten des Obersten der Synagoge und sprachen: Deine Tochter ist gestorben, was bemühst du den Meister noch? Sobald aber Jesus das Wort hörte, das sie redeten, sprach er zum Obersten der Synagoge: Fürchte dich nicht, glaube nur!
— Markus 5,35–36

Warum sollte Jesus ihm sagen, er solle »nur glauben«, wenn glauben automatisch zweifeln ausschließen würde? Weil du gleichzeitig glauben und zweifeln kannst! Darum sagte der Herr:

Denn wahrlich, ich sage euch: Wenn jemand zu diesem Berg spricht: Hebe dich und wirf dich ins Meer!, und in seinem Herzen nicht zweifelt, sondern glaubt, dass das, was er sagt, geschieht, so wird ihm zuteilwerden, was immer er sagt.
— Markus 11,23

Jesus trug uns auf, zu glauben, im Glauben zu sprechen, und dann nicht in unserem Herzen zu zweifeln. Mit anderen Worten, wir können zur selben Zeit glauben und nicht glauben.

Reiner Glaube - minus Unglaube

Nun, das ist ein Konzept, das viele Leute nicht haben. Die meisten Christen berücksichtigen nicht einmal die negativen Auswirkungen des Unglaubens. Sie glauben einfach, dass das Gegenmittel gegen Unglauben Glaube ist. Wenn sie Angst oder Zweifel in ihrem Leben erkennen, versuchen sie einfach, ihren Glauben zu stärken. Sie versuchen, ihren Unglauben mit immer mehr Glauben zu überwinden. Aber das ist nicht das, was der Herr meinte. Er sagte seinen Jüngern: »Wenn ihr **glaubt und nicht zweifelt**« (Mk 11,23). Jairus unterwies er: »**Glaube nur!**« (Mk 5,36), und der Vater des besessenen Knaben sagte: »Herr, **ich glaube**, aber hilf mir, **loszukommen von meinem Unglauben**!« (Mk 9,24). Das sind alles Beispiele dafür, dass wir gleichzeitig Glauben und Unglauben haben können.

Unglaube ist eine negative Kraft, die als Gegengewicht den Glauben aufhebt. Wenn man ein Pferd vor eine bestimmte Last spannt, könnte dieses Pferd genug Kraft aufbringen, sie zu bewegen. Aber wenn man ein gleich starkes Pferd anspannen und in die entgegengesetzte Richtung ziehen lassen würde, dann würde sich die Zugkraft der beiden Pferde gegenseitig aufheben, gegeneinander arbeiten und ausgleichen. Der Nettoeffekt auf die Zuglast wäre gleich null.

In Matthäus 17 war der Grund, warum die Jünger diesen Dämon nicht austreiben konnten, nicht der, dass sie keinen Glauben hatten. Sie hatten Glauben. Darum stellten sie die Frage. Hingegen sagte ihnen Jesus, dass ihr Unglaube das Problem war, der ihrem Glauben entgegenwirkte und ihn zunichtemachte.

> *Jesus aber sprach zu ihnen: Um eures Unglaubens willen! Denn wahrlich, ich sage euch: Wenn ihr Glauben hättet wie ein Senfkorn, so würdet ihr zu diesem Berg sprechen: Hebe dich weg von hier dorthin!, und er würde sich hinwegheben; und nichts würde euch unmöglich sein. — Matthäus 17,20*

Jesus erklärte: »Es ist wegen eures Unglaubens!« Dann sagte er weiter: »Wenn ihr Glauben hättet wie ein Senfkorn …« Weil ein Senfkorn ein sehr winziger Same ist, sagte der Herr grundsätzlich: »Ihr benötigt keinen immensen Glauben! Wenn euer Glaube so groß ist wie ein Senfkorn, dann ist er groß genug, um zu sehen, wie ein Berg ins Meer geworfen wird. Ihr braucht einfach einen reinen Glauben minus Unglauben!«

Verwirrt

Die meisten Christen haben das falsche Konzept, wonach Unglaube etwas ist, wogegen man eigentlich nichts tun kann. Er ist einfach da und alles, was man tun muss, ist, den Glaubenspegel zu erhöhen, um ihn zu überwinden.

Stell dir zwei Thermometer vor. Das eine ist ein Glaubens-Meter und das andere ein Unglaubens-Meter. Wir müssen ständig beide Messgeräte überwachen. Die meisten Leute nehmen das Maß des Unglaubens in ihrem Leben weder wahr noch messen oder beurteilen sie es. Sie denken einfach, dass es ganz normal sei, Angst zu haben, sich Sorgen zu machen, Stress zu haben oder verletzt zu werden, und zusammenzubrechen, wenn der Arzt ihnen sagt, dass sie sterben werden. Sie denken nicht einmal darüber nach oder tun irgendetwas gegen ihren Unglauben. Sie versuchen einfach, das Maß des Glaubens zu vergrößern. So werden sie häufiger das Wort Gottes lesen, mehr beten und andere Dinge tun, in dem Bemühen, mehr und mehr an Glauben zuzunehmen und ihn zu stärken.

Das steht im Gegensatz zu allem, was Jesus gelehrt hat. Er sagte: »Wenn ihr Glauben so groß wie ein Senfkorn habt, ist das genug, um einen Berg ins Meer zu stürzen. Ihr benötigt keinen immensen Glauben. Ihr benötigt einfach einen Glauben, der nicht durch Unglauben verwässert, aufgehoben oder geleugnet wird.«

Ich bin mir sicher, du hast wahrscheinlich schon gesehen, was Glaube bewirkt. Du hast erlebt, dass Gott deine Gebete erhört, dich geheilt, befreit hat oder etwas für dich oder jemanden, für den du gebetet hast, getan hat. Dann gehst du hin und betest für jemand anderen und erwartest das gleiche Ergebnis, siehst es aber nicht. Das ist wirklich verwirrend, weil du weißt, dass du Glauben hast – aber hast du auch Unglauben?

Ich erinnere mich, wie begeistert ich war, nachdem ich die erste Person von den Toten auferstehen sehen hatte. Ich glaubte nicht mehr nur theoretisch, dass Gott Wunder tun konnte, ich sah es geschehen und war ganz aus dem Häuschen! Während ich eine Konferenz in Omaha, Nebraska, abhielt, erblickte ich einen Mann im Rollstuhl links von mir in der ersten Reihe. Ich konnte es kaum abwarten, am Ende meiner Predigt angelangt zu sein, damit ich zu ihm gehen und ihn aus diesem Rollstuhl steigen sehen könnte. Ich schlussfolgerte: *Wenn man einen Mann von den Toten hatte auferstehen sehen, dann konnte man sicher auch jemanden aus dem Rollstuhl aufstehen sehen.* Also ging ich hin, nahm diesen Mann bei der Hand und proklamierte: »Im Namen Jesu, steh auf und geh!« Ich riss ihn aus dem Stuhl hoch – und er fiel vornüber auf sein Gesicht. Weil er gelähmt war, konnte er sich nicht einmal wappnen, um den Sturz abzufangen.

Als das geschah, hielten die Leute die Luft an. Man konnte ihr Stöhnen hören. Ich stöhnte auch. Man konnte den Unglauben geradezu hören. Er war greifbar, und ich wusste nicht, was ich tun sollte. Ich beugte mich auf die Knie, ergriff den Mann, umarmte ihn, hievte ihn zurück in den Rollstuhl und sagte eine Bibelstelle entsprechend Jakobus 2,16: »Geh hin in Frieden, wärme und sättige dich!« Aber ich gab ihm nicht, was er benötigte.

In dieser Nacht ging ich verwirrt in mein Hotelzimmer zurück und sagte: »Gott, ich verstehe das nicht.« Das für mich Schlimme daran war, dass ich wirklich erwartet hatte, dass dieser Mann geheilt sein würde. Ich wusste, dass ich den Glauben hatte, dass er wieder ganz hergestellt werden würde. Man ergreift nicht einfach einen Gelähmten in einem Rollstuhl vor einer Menschenmenge und zieht ihn hoch, es sei denn, man ist voller Erwartung, dass er aufstehen und gehen wird. Wenn ich je daran gedacht hätte, dass er flach auf sein Gesicht fallen würde, dann hätte ich es nicht getan. Ich wusste, dass ich Glauben hatte. Das war es, was mich verwirrte und verletzte. Wenn ich keinen Glauben gehabt hätte, sondern Angst und gedacht hätte: *O Gott, ich weiß, es wird nicht funktionieren, aber ich tue es trotzdem*, dann wäre ich nicht überrascht gewesen. Aber ich war überrascht, weil ich von ganzem Herzen erwartet hatte, dass er gehen können würde. Ich konnte einfach nicht verstehen, warum das geschah. Ich brauchte etwa drei Jahre, um einige Dinge zu lernen, bevor ich es verstand. Das meiste von dem, was der Herr mich darüber lehrte, ist in meiner Lehre enthalten, die ich *Ein verhärtetes Herz* nenne.

KAPITEL 13

Unglaube wird dich untergehen lassen

Bei der Lektüre eines Buches über Smith Wigglesworth entdeckte ich, dass er seine Heilungsveranstaltungen mit der mutigen Erklärung begann: »Die erste Person, die hier auf die Bühne kommt, wird geheilt, was auch immer es ist!« Jemand kam, er betete für die Person, sah, wie sie geheilt wurde, und predigte dann darüber, wie das geschehen war. Dann bat er die Leute, nach vorne zu kommen, ging von einer Person zur anderen, legte ihnen jeweils die Hände auf und sah, wie unzählige Leute geheilt wurden. Wigglesworth erlebte auf diese Weise viele große Wunder.

Bei einer der Wigglesworth-Versammlungen begleiteten zwei Frauen eine ältere Freundin, die an einem krebsartigen Tumor litt. Sobald er sagte: »Die erste Person hier oben wird geheilt werden«, eilten die beiden mit ihrer Freundin auf die Bühne. Der Tumor war so groß, dass sie aussah, als wäre sie im neunten Monat schwanger. Sie war so schwach, dass sie nur mit Hilfe der beiden Freundinnen stehen konnte. Sie standen auf der Bühne, eine auf jeder Seite dieser Dame, und hielten sie aufrecht. Smith schaute sie an und sagte: »Lasst sie los.«

Sie antworteten: »Wir können sie nicht loslassen. Sie wird hinfallen.«

Wigglesworth erhob seine Stimme ein wenig lauter und sagte zu ihnen: »Ich sagte: Lasst sie los.« Sie taten es, sie fiel auf diesen Tumor und stöhnte laut auf vor Schmerz. Den Menschen in der

Menge verschlug es den Atem – genauso wie damals, als ich den Mann aus seinem Rollstuhl hochriss und er auf sein Gesicht fiel.

Als Smith Wigglesworth dieser Frau diente, hatte er nicht mehr Glauben als ich, als ich jenem Mann diente (Röm 12,3). Der Unterschied war, dass Wigglesworth weniger Unglauben hatte. Als ich für diesen Mann im Rollstuhl betete und er auf sein Gesicht fiel, da reagierte ich mit Verwirrung, Scham, Schuld und Angst. Ich hob ihn auf und half ihm zurück in seinen Rollstuhl. Smith fuhr einfach fort und sagte: »Hebt sie hoch.«

Sie hoben die Frau hoch und stellten sie wieder vor Wigglesworth. Er sagte: »Lasst sie los.«

Die beiden Frauen antworteten: »Wir können sie nicht loslassen. Sie wird wieder hinfallen.«

Wigglesworth schrie sie an: »Ich habe gesagt: Lasst sie los!« Das taten sie, und sie fiel wieder auf den Tumor. Er sagte: »Hebt sie auf.« Sie taten es. Dann sagte er zu ihnen: »Lasst sie los.« Sie antworten: »Wir werden sie nicht loslassen!«

Smith bellte: »Ich sagte: Lasst sie los!« In diesem Moment stand ein Zuhörer auf und verkündete: »Sie Unmensch! Lassen Sie diese arme Frau in Ruhe!«

Smith wurde wütend und brüllte: »Ich kenne meine Aufgabe. Kümmern Sie sich um Ihre eigenen Angelegenheiten!« Dann drehte er sich zu den Frauen um und befahl: »Lasst sie los!« Sie taten es. Der Tumor fiel aus ihrem Kleid heraus auf die Bühne, und die Frau ging völlig geheilt davon.

Wigglesworth hatte nicht mehr Glauben als ich, er hatte einfach weniger Unglauben. Kannst du den Unterschied sehen?

Gott vertrauen

Als die Jünger Jesu fragten: »Warum konnten wir den Dämon nicht austreiben?«, antwortete Jesus: »Wegen eures Unglaubens!« Der Grund, warum sie diese Frage überhaupt stellten, lag darin, dass sie wirklich glaubten und fest damit gerechnet hatten. Sie hatten ihren Glauben bei anderen Leuten wirken sehen, aber diesmal sahen sie das gewünschte Ergebnis nicht. Der Herr sagte zu ihnen: »Leute, es liegt nicht daran, dass ihr keinen Glauben hattet. Wenn euer Glaube nur so groß wie ein Senfkorn ist, dann genügt das. Ihr braucht keinen enormen Glauben. Setzt euch einfach mit eurem Unglauben auseinander!« Das tun die meisten Christen nicht. Sie setzen sich einfach nicht mit ihrem Unglauben auseinander.

Glauben heißt, ganz einfach Gott zu vertrauen. Es heißt, Gedanken, Gefühle und Emotionen zu haben, die mit dem Wort Gottes übereinstimmen. Der Herr sagte: »Ihr werdet den Kranken die Hände auflegen, und sie werden gesund werden.« Wenn du sagst: »Ich kann das tun. Ich werde das tun«, und beginnst, es dich innerlich tun zu sehen, darüber begeistert zu werden und dann danach zu handeln – das ist Glauben.

Unglaube ist das Gegenteil. Unglaube heißt Gedanken, Gefühle und Emotionen zu haben, Dinge zu tun, die dem Wort Gottes widersprechen. Die meisten Christen tun nichts, um diese negative Kraft des Unglaubens zu bewältigen. Sie versuchen einfach, ihren Glauben zu stärken.

Zu meinen Konferenzen kommen oft Leute, die mich vom Glauben reden hören, die Wunder sehen, dann nach Hause gehen und versuchen, dasselbe zu tun. Dann werden sie enttäuscht, wenn sie nicht dieselben Ergebnisse sehen. Wenn ich mit ihnen rede, dann sagen sie mir, dass sie in eine Gemeinde gehen, die nicht einmal an die Taufe im Heiligen Geist und an das Sprachengebet glaubt.

Anstatt über Glauben zu predigen, wird dort diese falsche Lehre betont, allgemein als »die Souveränität Gottes« bezeichnet, welche besagt: »Vielleicht hat Gott dich krankgemacht, um dir eine Lektion zu erteilen.« Sie umgeben sich mit all diesem Unglauben, ziehen das als Hinderungsgrund aber nicht einmal in Betracht. Sie meinen, sie können einfach zurückgehen, das Wort sprechen und alles wird funktionieren. Sogar Jesus – der immer in vollkommenem Glauben gehandelt hat – konnte in seiner Heimatstadt wegen des Unglaubens der Leute dort kein Wunder tun. Eine Atmosphäre des Unglaubens in einer bestimmten Gegend oder in einer Gruppe von Leuten kann sogar jemanden, der in vollkommenem Glauben handelt, beeinflussen.

> *Und er konnte dort kein Wunder tun, außer dass er wenigen Kranken die Hände auflegte und sie heilte. Und er verwunderte sich wegen ihres Unglaubens. — Markus 6,5–6*

Es geht nicht nur um die Kraft, die du ausübst, es geht auch um all die negativen Dinge um dich herum. Als Jesus Jairus' Tochter von den Toten auferweckte, hat er darum nur dem Vater, der Mutter und ein paar Jüngern erlaubt, ihn zu begleiten. Er schickte alle Leute hinaus, die ihn verspotteten, verhöhnten und auslachten.

> *Und siehe, da kam einer der Obersten der Synagoge, namens Jairus; und als er ihn erblickte, warf er sich ihm zu Füßen, und er bat ihn sehr und sprach: Mein Töchterlein liegt in den letzten Zügen; komme doch und lege ihr die Hände auf, damit sie gesund wird und am Leben bleibt! Und er ging mit ihm; und es folgte ihm eine große Menge nach, und sie bedrängten ihn. — Markus 5,22–24*

Während er noch redete, kamen etliche von den Leuten des Obersten der Synagoge und sprachen: Deine Tochter ist gestorben, was bemühst du den Meister noch? Sobald aber Jesus das Wort hörte, das sie redeten, sprach er zum Obersten der Synagoge: Fürchte dich nicht, glaube nur! Und er ließ niemand mitgehen als Petrus und Jakobus und Johannes, den Bruder des Jakobus. Und er kommt in das Haus des Obersten der Synagoge und sieht das Getümmel, wie sehr sie weinten und heulten. Und er geht hinein und spricht zu ihnen: Was lärmt ihr so und weint? Das Kind ist nicht gestorben, sondern es schläft! Und sie lachten ihn aus. Nachdem er aber alle hinausgetrieben hatte, nahm er den Vater und die Mutter des Kindes mit sich und die, welche bei ihm waren, und ging hinein, wo das Kind lag. Und er ergriff die Hand des Kindes und sprach zu ihm: Talita kumi!, das heißt übersetzt: Mädchen, ich sage dir, steh auf! Und sogleich stand das Mädchen auf und ging umher; es war nämlich zwölf Jahre alt. Und sie gerieten außer sich vor Staunen. Und er gebot ihnen ernstlich, dass es niemand erfahren dürfe, und befahl, man solle ihr zu essen geben. — Markus 5,35–43

Als Elia, Elisa und Petrus Leute vom Tod auferweckten, suchten sie alle die Abgeschiedenheit (1Kön 17,17–24; 2Kön 4,32–37; Apg 9,36–41). Sie sonderten sich von den Ungläubigen ab und befreiten sich von Unglauben. Es ist das gleiche Prinzip. Sie hatten Glauben, aber sie wollten keinen Unglauben um sich herum, der ihrem Glauben entgegenwirkte.

Bewältige den Unglauben

Ich begegne ständig Leuten, die den Unglauben anderer nicht einmal in Betracht ziehen. Sie wollen einfach nur in ein Krankenhaus marschieren und jemanden aufstehen sehen. Sie ziehen nicht in Betracht, dass nicht alle dort an diese Dinge glauben, sondern, im Gegenteil, ihnen gegenüber abweisend oder kritisch sind. Deshalb müssen wir den Unglauben anderer Leute berücksichtigen.

Bethsaida war von all den Orten, an denen Jesus gewesen war, einer der ungläubigsten Orte, die seinem Dienst am meisten Widerstand leisteten.

> *Wehe dir, Chorazin! Wehe dir, Bethsaida! Denn wenn in Tyrus und Zidon die Wundertaten geschehen wären, die bei euch geschehen sind, so hätten sie längst in Sack und Asche sitzend Buße getan. — Lukas 10,13*

Als Jesus dort einem blinden Mann begegnete, musste er ihn an der Hand nehmen und ihn weg von diesem Unglauben führen. Selbst als er den Mann aus der Stadt herausgeführt hatte, wusste er, dass er nicht »die ganze Stadt« aus dem Mann herausbekommen hatte. Jesus musste zweimal für ihn beten. Das ist das einzige Mal in der Bibel, wo Jesus zweimal für jemanden betete. Als der Mann endlich klar sehen konnte, wies ihn Jesus an, wegen ihres Unglaubens nicht zurück in diese Stadt zu gehen oder dort irgendjemandem von seiner Heilung zu erzählen (Mk 8,22–30).

Nur sehr wenige Menschen tun viel, um den Unglauben zu bewältigen. Sie versuchen nur, im Glauben stark zu sein. Wir müssen jedoch Folgendes erkennen: Genauso wie Glaube durch das Hören von Gottes Wort entsteht, entsteht Unglaube durch das Hören von Dingen, die dem Wort Gottes entgegengesetzt sind. Wenn wir wirklich stark sein und sehen wollen, dass unser Glaube Früchte trägt, dann müssen wir dem Eindringen von Unglauben in unser Leben Einhalt gebieten. Wir können einfach nicht erwarten, dass die Abwässer dieser Welt durch unseren Verstand und unsere Emotionen fließen, ohne unsere Menge an Unglauben zu beeinflussen. Unglaube kommt durch das Hören von Dingen, die dem Wort Gottes entgegengesetzt sind, genauso wie der Glaube durch das Hören von Dingen kommt, die mit dem Wort Gottes übereinstimmen.

Auf IHN schauen

Solange Petrus auf Jesus schaute, den Anfänger und Vollender unseres Glaubens (Hebr 12,2), wandelte er auf dem Wasser. Aber als er seine Augen vom Herrn abwandte, begann er, den Wind und die Wellen zu sehen. Obwohl der Wind und die Wellen nicht dämonisch oder böse waren, waren sie dem Glauben entgegengesetzt.

Manchmal kann eine Brise etwas Wundervolles sein. Sie kann dich kühlen und sehr angenehm sein. Wellen sind auch nicht grundsätzlich schlecht. Es ist eigentlich sehr beruhigend, am Ufer zu sitzen und den Wellen zuzusehen. Aber es ist anders, wenn sie extrem sind. Der heulende Wind und die hohen Wellen überwältigten Petrus mit Unglauben. Er hatte möglicherweise Gedanken wie: *Ich sollte nicht hier auf dem Wasser sein. Ich muss zurück ins Boot!* Am wahrscheinlichsten ist, dass er dann zu sinken begann, als er anfing so zu denken.

Beachte, dass Petrus nicht einfach hinplumpste und sofort unterging. Das Wort sagt, dass er zu sinken *anfing* (Mt 14,30). Ebenso kommt Unglauben nicht ganz plötzlich. Er überkommt dich nicht wie ein Krampfanfall. So wie der Glaube kommt auch der Unglaube allmählich durch die Art deines Denkens. Du musst dich darin üben und darin wachsen. Petrus hat nicht eben mal so seinen Glauben verloren und angefangen, im Unglauben zu agieren. Es war etwas, das allmählich geschah.

Petrus war vernünftig genug, sich an Jesus zu wenden und um Hilfe zu rufen. Er hätte nach den Jungs im Boot rufen können. Er hätte überhaupt den ganzen Glauben aufgeben und denken können: *Das ist verrückt. Das kann nicht Jesus sein. Das muss eine Vision sein. Was mache ich hier draußen?* Petrus hätte nach den Jungs im Boot schreien können, dass sie ihm ein Seil zuwerfen, aber stattdessen drehte er sich zu Jesus um.

Es gibt keinen Hinweis darauf, dass Jesus Petrus zurück zum Boot getragen hat. Das Wort deutet an, dass sie zusammen zurückgegangen sind. Petrus wandelte abermals auf dem Wasser, aber diesmal Hand in Hand mit Jesus und auf ihn schauend.

Was denkst du?

Ein Mangel an Glauben führte nicht dazu, dass Petrus sank – es war der Unglaube. Er begann zu sinken, als er seine Augen von Jesus abwandte. Der Grund, warum die meisten Christen nie auf dem Wasser gehen, besteht darin, dass sie nicht so auf Jesus schauen, wie sie es tun sollten. Wenn sie beginnen, in einem Wunder zu leben, aber straucheln und zu sinken beginnen, dann deshalb, weil sie ihre Augen von Jesus abgewandt haben. Sie richten sich nach dem, was der Bankfachmann, der Arzt, Familienmitglieder oder ihr Bankkonto sagen, statt nach dem, was das Wort Gottes sagt. Sie haben begonnen, über etwas anderes nachzusinnen. Es ist nicht so, dass sie keinen Glauben hätten; es ist einfach so, dass ihr Glaube von ihrem Unglauben, der in die entgegengesetzte Richtung zieht, negiert und aufgewogen wird.

KAPITEL 14

Ein reiner Glaube

Wunder erfordern keinen immensen Glauben – einfach einen reinen, schlichten Glauben. Als die Jünger Jesus darum baten, ihren Glauben zu mehren, antwortete er ziemlich genau dasselbe wie in Markus 11.

> *Und die Apostel sprachen zum Herrn: Mehre uns den Glauben! Der Herr aber sprach: Wenn ihr Glauben hättet wie ein Senfkorn, so würdet ihr zu diesem Maulbeerbaum sagen: Entwurzle dich und verpflanze dich ins Meer!, und er würde euch gehorchen. — Lukas 17,5–6*

Mit anderen Worten, Jesus sagte: »Leute, ihr braucht nicht mehr Glauben. Euer Glaube ist ausreichend. Wenn euer Glaube so groß ist wie ein Senfkorn, dann ist er groß genug, um einen Baum zu entwurzeln, ohne ihn zu berühren. Einfach, indem ihr zu ihm sprecht, könnt ihr ihn verschwinden lassen.« Dann fuhr er fort, indem er das Beispiel des Sklaven gebrauchte:

> *Wer aber von euch wird zu seinem Knecht, der pflügt oder weidet, wenn er vom Feld heimkommt, sogleich sagen: Komm her und setze dich zu Tisch? Wird er nicht vielmehr zu ihm sagen: Bereite mir das Abendbrot, schürze dich und diene mir, bis ich gegessen und getrunken habe, und danach sollst du essen und trinken? — Lukas 17,7–8*

Jesus sagt hier: »Wenn du einen Sklaven hast, dann setzt du ihn auch ein. Das Problem ist nicht, dass ihr nicht genug Glauben habt. Es ist die Tatsache, dass ihr nicht gebraucht, was ihr habt.« Wenn ihr das verstehen könntet, dann würde dies einige Fragen beantworten, die wir haben, wie: »Ich weiß, dass ich glaubte, also, warum hat das nicht funktioniert?« Es ist nicht, weil ihr nicht geglaubt habt. Es ist, weil ihr gleichzeitig Glauben und Unglauben gehabt habt.

Dein Problem überwindest du nicht, indem du versuchst, immensen Glauben zu bekommen. Wenn du glaubst, dass Gott heilt, dann genügt das. Wenn du glaubst, dass Gott heilt, dann genügt das, um Tote auferweckt zu sehen – **WENN** du nicht all der Negativität, dem Zweifel und Unglauben nachgibst, die von deinen Sinnen kommen.

»Diese Art«

Jesus aber sprach zu ihnen: Um eures Unglaubens willen! Denn wahrlich, ich sage euch: Wenn ihr Glauben hättet wie ein Senfkorn, so würdet ihr zu diesem Berg sprechen: Hebe dich weg von hier dorthin!, und er würde sich hinwegheben; und nichts würde euch unmöglich sein. Aber diese Art [von Unglauben] fährt nicht aus außer durch Gebet und Fasten.
— Matthäus 17,20–21

Traditionell wird gelehrt, dass diese Art »Dämon« nur durch Gebet und Fasten ausfährt. Du hörst Leute sagen, was für ein starker »Dämon« das doch sei. »Es ist ein großes Problem und wir müssen fasten und beten, bevor wir uns damit auseinandersetzen können. Wir müssen auch zu einer Gebetskette aufrufen, weil nur eine Person allein nicht genug ist, um damit fertig zu werden. Wir benötigen hunderte von Personen, die sich im Geist eins machen, um das ausfahren zu sehen.« Einige Leute denken, dass Gott begrenzt ist, und wenn wir ihn darum bitten, wird das alle Lichter im Himmel flackern lassen. Unfug!

Diese Bibelstelle sagt nicht aus, dass einige Dämonen stärker sind als andere. Sie sagt auch nicht aus, dass gewisse Dämonen nicht auf Jesus und den Glauben an seinen Namen reagieren. »Du musst noch Fasten und Beten hinzufügen.« Darum geht es hier nicht!

Das Thema des Satzes in Vers 20 ist Unglauben. Ihr Unglaube war das Problem. Also, diese Art Unglauben fährt nur aus durch Fasten und Gebet (Mt 17,21). Es benötigt keinen enormen Glauben – nur einen einfachen Glauben. Es gibt jedoch einige Arten von Unglauben, mit denen schwieriger umzugehen ist. Du musst fasten und beten, um sie loszuwerden.

Unkenntnis, falsche Lehre und Natürliches

Unglauben kann von Unkenntnis kommen – Mangel an Erkenntnis. Einige Leute haben nie etwas von Wundern gehört. Sie haben nie die Bibel gelesen. Sie sind in einer Welt aufgewachsen, in der das Übernatürliche keine Größe war. Sie wurden von Kindheit an gelehrt, dass der natürliche Bereich alles ist, was es gibt. Sie wurden gelehrt, dass es keine geistliche Welt gibt oder irgendwas außerhalb des natürlichen Raums. Diese Unkenntnis ist Unglauben und sie wird den Glauben behindern. Du könntest zu dieser Person gehen und ihr vom Wort Gottes erzählen, aber es wird Widerstand geben, einfach deshalb, weil sie nie etwas darüber gehört oder davon gewusst hat. Das Gegenmittel gegen diese Art des Unglaubens ist, ihnen einfach die Wahrheit zu erzählen. Wenn sie sie nach einer gewissen Zeit annehmen, dann wird die Wahrheit sie freimachen.

... und ihr werdet die Wahrheit erkennen, und die Wahrheit wird euch frei machen! — Johannes 8,32

Die zweite Art von Unglauben kommt von falscher Lehre. Es ist kein Mangel an Erkenntnis, sondern falsche Erkenntnis. Ich bin damit aufgewachsen. Ich wurde gelehrt, dass Wunder mit den Aposteln aufgehört hätten und dass Gott heute keine mehr tut. Das ist die Art von Unglauben, die mich zurückhaltend gegenüber Wundern und dem Glauben an sie werden ließ.

Das Gegenmittel dafür ist dasselbe: die Wahrheit mitteilen. Nun, Unkenntnis ist einfacher zu überwinden als falsche Erkenntnis (auch bekannt als Unglaube). Man muss die falsche Lehre loswerden und den Prozess beginnen, bei dem man die richtige Lehre annimmt. Das ist schwieriger, aber im Grunde der gleiche Prozess. Du erzählst jemandem die Wahrheit und sie wird ihn oder sie freimachen, wenn sie geglaubt wird.

Aber die dritte Art von Unglauben – natürlicher Unglaube – kommt durch die fünf Sinne. Über diese Art von Unglauben hat Jesus mit den Jüngern im Falle des besessenen Jungen gesprochen.

Da antwortete Jesus und sprach: O du ungläubiges und verkehrtes Geschlecht! Wie lange soll ich bei euch sein? Wie lange soll ich euch ertragen? Bringt ihn her zu mir! Und Jesus befahl dem Dämon, und er fuhr von ihm aus, und der Knabe war gesund von jener Stunde an. Da traten die Jünger allein zu Jesus und sprachen: Warum konnten wir ihn nicht austreiben? Jesus aber sprach zu ihnen: Um eures Unglaubens willen! Denn wahrlich, ich sage euch: Wenn ihr Glauben hättet wie ein Senfkorn, so würdet ihr zu diesem Berg sprechen: Hebe dich weg von hier dorthin!, und er würde sich hinwegheben; und nichts würde euch unmöglich sein.

Aber diese Art fährt nicht aus außer durch Gebet und Fasten.
— Matthäus 17,17–21

Als sie diesen Jungen zu Jesus brachten, fiel er zu Boden, wälzte sich und schäumte aus dem Mund.

Und sie brachten ihn zu ihm. Und sobald der Geist ihn sah, zerrte er ihn, und er fiel auf die Erde, wälzte sich und schäumte. — Markus 9,20

Offensichtlich hatten diese Jünger schon zuvor Dämonen ausfahren sehen, aber sie hatten noch keine Manifestation wie diese gesehen. Ihre Sinne – was sie sahen und hörten – lösten nach und nach Gedanken, Gefühle und Emotionen in ihnen aus, die dem entgegenstanden, was Gott ihnen zugesagt hatte.

Der Herr hatte gesagt: »Ihr könnt böse Geister austreiben. Ich gebe euch Vollmacht über alle Dämonen.«

Da rief er seine zwölf Jünger zu sich und gab ihnen Vollmacht über die unreinen Geister, sie auszutreiben, und jede Krankheit und jedes Gebrechen zu heilen. — Matthäus 10,1

Er rief aber seine zwölf Jünger zusammen und gab ihnen Kraft und Vollmacht über alle Dämonen und zur Heilung von Krankheiten. — Lukas 9,1

Die Jünger sprachen, aber was sie sahen und hörten, ließ es so aussehen, als ob der Dämon nicht darauf reagierte. So durchfuhr Unglaube ihre Sinne. Glauben hatten sie, darum zeigten sie sich ratlos darüber, dass die Heilung nicht eintrat; sie maßen ihren körperlichen Sinnen immer noch zu viel Bedeutung bei.

Sechster Sinn

Deine fünf Sinne sind nichts Schlechtes. Gott gab sie dir zum Guten. Du brauchst deine fünf physischen Sinne, um in dieser Welt funktionieren zu können. Es ist schwierig klarzukommen, wenn du nicht sehen kannst. Wenn du mich mit dem Auto irgendwohin bringen sollst, dann will ich, dass du dich danach richtest, was du siehst. Ich möchte nicht, dass du im Glauben fährst; du sollst deine fünf Sinne gebrauchen!

Doch zeitweise wird Gott uns auffordern, Dinge zu tun, die unseren fünf physischen Sinnen zuwiderlaufen. Wenn der Herr dich dazu auffordert, etwas zu tun, das deinen fünf Sinnen widerspricht, wie wirst du dann reagieren? Die Antwort darauf hängt weitgehend von deiner Beziehung zu Gott ab. Hast du Zeit mit ihm verbracht, besonders im Gebet und im Fasten? Du musst Zeit damit verbringen, vom übernatürlichen Bereich zu empfangen. Auf diese Weise wirst du deinen »sechsten Sinn« entwickeln. Dann kann dein Denken trainiert werden, auf den Glauben in derselben Weise zu reagieren, wie es auf die fünf Sinne reagiert.

Trainiere dein Denken

Die feste Speise aber ist für die Gereiften, deren Sinne durch Übung geschult sind zur Unterscheidung des Guten und des Bösen. — Hebräer 5,14

Deine fünf Sinne können trainiert werden, Dinge wahrzunehmen, die jenseits ihrer physischen, natürlichen Fähigkeit liegen. Man kann dahin kommen, dass man diesen sechsten Sinn des Glaubens entwickelt. Wenn zum Beispiel jemand blind ist, heißt das dann, dass diese Person wie gelähmt ist und gar nichts tun kann, weil sie nicht sieht, wo sie hingeht? Nein! Sie lernt allmählich, sich mehr auf ihre anderen Sinne zu verlassen: was sie riechen, fühlen und hören kann. Sehbehinderte Menschen benutzen einen Stock oder einen Blindenführhund, um klarzukommen. Sie prägen sich einen Weg durchs Haus ein. Ihr Verstand wird den Mangel an Sehvermögen kompensieren, indem er sich mehr auf die anderen Sinne verlässt.

Wenn du Zeit mit dem Herrn im Fasten und im Gebet verbringst, dann kannst du dein Denken trainieren, auf Glauben zu reagieren. Wenn du viel Zeit mit dem Herrn verbringst, dann wirst du beginnen, Wunder zu sehen. Du wirst sehen, wie Gott dich auf die eine oder andere Weise befreit. Du wirst anfangen, von Gott zu hören, und wirst Beweise für die Realität der übernatürlichen Welt haben. Du wirst greifbare Beweise dafür haben, dass das Wort Gottes funktioniert, und mit der Zeit wird der Glaube für dich wie ein sechster Sinn werden.

Sogar, wenn du keine physische Übereinstimmung mit dem, was du glaubst, erkennen kannst, kann dein Denken trainiert werden, um zu sagen: »Nun, ich kann es nicht sehen, schmecken, hören, riechen oder fühlen, aber ich habe so viel Zeit mit dem Herrn verbracht und bei so vielen Gelegenheiten erlebt, wie er einen Durchbruch schuf, dass ich weiß, dass da mehr ist.« Das ist der sechste Sinn. Du kannst dahin kommen, dich genauso wie ein Blinder, der sich auf sein Gehör und seinen Tastsinn verlässt, um mobil zu sein und herumzukommen, auf deinen Glauben zu verlassen. Du kannst so weit kommen, dass du nicht mehr auf deine fünf Sinne begrenzt bist, aber das geschieht nicht einfach so.

KAPITEL 15

Trainiere dich

Die feste Speise aber ist für die Gereiften, deren Sinne durch Übung geschult sind zur Unterscheidung des Guten und des Bösen. — Hebräer 5,14

Beachte, dass es hier heißt, ihre Sinne sind geschult »durch Übung«. Mit anderen Worten, du musst üben, dich trainieren. Dieses Wort »Übung« ist sehr wichtig. Du kannst nicht eines Tages aufstehen und am Tag des Marathonlaufs zu trainieren beginnen. Ich habe tatsächlich mal auf einen Marathon hintrainiert und es dann trotzdem nicht geschafft. Ich lief einen halben Marathon – rund 21 Kilometer – und brauchte fast ein Jahr Vorbereitung dafür! Leute, die sich auf einen Marathon vorbereiten, ihn laufen und gewinnen, trainieren tatsächlich mehrere Jahre lang, um so weit zu kommen. Du kannst nicht erst am Morgen des Laufs zu trainieren beginnen. Du musst dich richtig trainieren!

Die meisten Christen verbringen nicht wirklich viel Zeit mit Gott. Sie leben im natürlichen Bereich, verrichten ihre Arbeit und schauen fern. Sie leben wie jeder andere und verbringen praktisch keine Zeit im Gebet und in Gemeinschaft mit Gott oder mit Fasten und dem Verleugnen ihrer Sinne. Dann kommen sie in eine Krisensituation und investieren alles, was sie haben. Sie sind hundertprozentig aufrichtig und echt engagiert, doch ist das zu wenig und kommt zu spät. Sie haben sich nicht trainiert. Einige sterben sogar – aber nicht, weil sie falsch geglaubt haben, sondern weil ihre Sinne zu viel Macht über sie hatten.

Darum funktioniert Fasten. Fasten ist einfach ein Verleugnen unserer fünf Sinne. Unser Geschmackssinn oder Appetit ist einer der stärksten Sinne, die wir haben. Leute haben für Essen auch schon gemordet. Ich erinnere mich an eine Geschichte, die ich gelesen habe. Darin ging es um eine Gruppe von Leuten, die im 19. Jahrhundert nach Kalifornien unterwegs waren und in einen Schneesturm gerieten. Irgendwann aßen die Kinder ihre Mütter. Man fand heraus, dass sie ihre eigenen Verwandten wegen des Verlangens nach Nahrung kannibalisierten. Dies ist ein sehr, sehr starkes Verlangen, und es dauert nicht allzu lange, bis es sich zeigt. Wenn du eine Person bist, die einfach von ihren fünf Sinnen dominiert und kontrolliert wird, wenn diese für dich realer sind als das, was Gott sagt, wenn dieser sechste Sinn des Glaubens nicht der stärkste, dominanteste Sinn ist, den du hast, dann ist Fasten der Weg, wie du das ändern kannst.

Wer kontrolliert wen?

Nach nur ein paar Stunden Fasten wird dein Appetit beginnen, sich zu beklagen und versuchen, die Kontrolle zurückzugewinnen. Er wird versuchen, dich zu beherrschen und zum Essen zu bringen. Wenn du dranbleibst und sagst: »Nö, ich glaube Gott. Der Mensch lebt nicht vom Brot allein, sondern von einem jeden Wort, das aus dem Mund Gottes hervorgeht (Mt 4,4)«, wenn das deine Einstellung ist und du ausharrst, dann wird dein Körper rebellieren. Er wird versuchen, dich zu beherrschen.

Wenn du dann einfach weitermachst und sagst: »Nun denn, ich werde den ganzen Tag fasten«, wird dein Appetit antworten: »Den ganzen Tag? Ich werde tot sein bis heute Abend!«

Du antwortest: »Also gut, dann mache ich es zwei Tage lang.« Darauf wird dein Körper sagen: »Nein, ich werde niemals zwei Tage lang durchhalten!«

»Also gut, drei Tage!«

Ziemlich bald wird dein Appetit lernen, dass er überleben wird, also muss er sich unterordnen. Wenn du über einen längeren Zeitraum fastest, wirst du nach etwa zwei oder drei Tagen des Verleugnens deines Appetits tatsächlich dahin kommen, dass du nicht mehr hungrig bist. Es stört dich nicht. Du kannst an einen Punkt kommen, an dem du das Essen nicht mehr vermisst, weil du deinen Appetit unter Kontrolle gebracht hast.

Wenn dann Krankheit deinen Körper angreift, kannst du sagen: »Ich bin geheilt im Namen Jesu!« Wenn dein Körper die Heilung nicht augenblicklich zeigt und du immer noch Schmerzen hast, dann kannst du zu deinem Körper sagen: »Ich richte mich nicht nach dem, was ich fühle.« Wenn du gefastet und gebetet hast – dich selbst verleugnet und Zeit in der Gegenwart Gottes verbracht hast –, dann hast du dich trainiert, um sagen zu können: »Was ich glaube, ist genauso real wie das, was ich sehe, schmecke, höre, rieche und fühle.« Dein Körper wird darauf reagieren. Du wirst fähig sein weiterzugehen, auf Kurs zu bleiben und fest zu bleiben, bis deine Heilung für dich sichtbar geworden ist.

Wenn du aber keine Zeit im Bereich des Geistes verbracht hast, wenn du einfach völlig mit dem natürlichen Bereich beschäftigt und davon dominiert warst und dann sagst: »Körper, du bist geheilt. Es kümmert mich nicht, was du fühlst. Ich bin geheilt worden in den Wunden Jesu«, dann werden deine Sinne antworten: »Wer bist du, uns etwas sagen zu wollen? Ich sage dir, wann, was und wie viel du essen sollst!« Weil du deine Sinne nicht geschult hast, beherrschen sie dich, anstatt du sie.

Sensibilisiert für Gott

Man kann diese natürliche Art des Unglaubens, der von dem ausgeht, was man sieht, schmeckt, hört, riecht und fühlt, nicht umgehen. Das ist kein Unwissenheitsproblem. Es ist kein Problem der Erneuerung des Verstandes. Es ist einfach das Problem, dass du mehr Zeit in der natürlichen als in der übernatürlichen Welt verbringst. Das musst du umkehren. Du musst es schaffen, dich auf den Herrn und sein Wort zu fokussieren.

Solange Petrus auf Jesus konzentriert war, hatte er keine Probleme, weil er über nichts nachdachte, was dem Glauben entgegenstand. Als er aber seine Aufmerksamkeit nicht mehr Jesus widmete, begann er zu sinken. Petrus hatte den größten Teil der Strecke bereits hinter sich gebracht. Jesus musste nicht zu ihm rennen, um ihn festzuhalten. Der Herr streckte einfach seine Hand aus und ergriff ihn. Petrus war schon nahe genug, um Jesus fast berühren zu können. Als er das Gefühl hatte, es fast geschafft zu haben, entspannte er sich! Er wandte sich von Jesus ab und begann, den Wind und die Wellen anzuschauen. Als er dies tat, begann er unterzugehen.

> *Als er aber den starken Wind sah, fürchtete er sich, und da er zu sinken anfing, schrie er und sprach: Herr, rette mich! Jesus aber streckte sogleich die Hand aus, ergriff ihn und sprach zu ihm: Du Kleingläubiger, warum hast du gezweifelt?*
> *— Matthäus 14,30–31*

Du kannst es dir nicht leisten, deine Augen von Jesus abzuwenden! Verbringe Zeit im Wort, im Gebet, im Verleugnen deiner fünf Sinne und in der Gemeinschaft mit Gott! Wenn du betest, fragen deine fünf Sinne: »Mit wem redest du? Ich kann niemanden sehen. Ich kann niemanden hören. Ich kann hier niemanden fühlen.« Aber wenn du im Gebet und in der Gemeinschaft mit Gott dranbleibst, dann wirst du beginnen, Wunder zu erleben. Es wird einen greifbaren Beweis dafür geben, dass Gott da ist und zu dir spricht. Nach einer Weile werden deine Sinne sagen: »Oh, es gibt einen anderen Sinn, dessen ich mir nicht bewusst war. Was immer der Glaube sagt, ist wahr.« Du wirst dahin kommen, dass die Sinne sich vor dem Glauben beugen und sich ihm ergeben. Wenn du Zeit in der Gegenwart des Herrn verbringst, dann wird dein Herz empfindsam für ihn. So einfach ist das!

Petrus konnte auf dem Wasser gehen, weil er aus dem Boot gestiegen war. Er begann, auf Jesus zuzugehen. Solange er seine Augen auf den Herrn gerichtet hielt, ging es ihm gut. Aber sobald er seine Augen von Jesus abwandte, kam der Unglaube. Petrus hatte immer noch Glauben, aber der Unglaube kam dadurch, dass er die natürlichen Dinge in Betracht zog.

Jeder von uns hat natürliche Dinge, die uns sagen, dass das Wort Gottes nicht funktioniert. Wenn du etwas nicht sehen, schmecken, hören, riechen oder fühlen kannst, wollen dich deine Sinne davon überzeugen, dass es nicht existiert. Du musst dich trainieren und schulen, damit du weißt, dass es da mehr als das gibt. Es gibt keinen anderen Weg, das zu tun, außer dadurch, dass du längere Zeit in der Gegenwart Gottes mit Fasten und Gebet verbringst.

Geh den ganzen Weg!

Aber diese Art [von Unglauben] fährt nicht aus außer durch Gebet und Fasten. — Matthäus 17,21

Gebet und Fasten sind der einzige Weg, um den natürlichen Unglauben zu bewältigen. Du kannst die anderen beiden Arten von Unglauben loswerden – Unkenntnis und falsche Erkenntnis –, indem du einfach die Wahrheit hörst und glaubst. Aber der einzige Weg, wie du deine fünf Sinne und den Unglauben, den sie nähren, überwinden kannst, ist durch Fasten und Gebet, indem du Zeit in Gottes Gegenwart verbringst. Sei mehr in der übernatürlichen Welt zu Hause als in der natürlichen. Komm an den Punkt, an dem du mehr daran glaubst, dass die übernatürliche Welt existiert, als an das, was du sehen, schmecken, hören, riechen oder fühlen kannst. Du kannst dich selbst darauf trainieren, aber es erfordert einige Zeit und Anstrengung. Du kannst nicht bis zum Morgen deiner Prüfung warten, um diese Art von Unglauben zu überwinden. Du musst auf Gott fokussiert bleiben und nicht nach rechts oder links schauen.

Wir lassen uns von so vielen Dingen in Beschlag nehmen – Fernsehen, Radio, Bücher, Zeitschriften –, von allem Möglichen. In gewissem Maß sind sie in Ordnung. Aber wenn du auf dem Wasser gehst, dann musst du deine Augen auf Jesus gerichtet halten. Wenn du gerade darauf vertraust, dass Gott ein Wunder wirkt, dann kannst du es dir nicht leisten, nach rechts oder links zu schauen. Du musst deinen Blick geradeaus richten, nicht zu einer der beiden Seiten. Wenn du das tust, dann kannst du nicht nur ein Stück auf dem Wasser gehen, sondern du kannst die ganze Distanz bis zum anderen Ufer gehen. Du brauchst nicht anzuhalten oder hinzufallen. Du kannst den ganzen Weg weitergehen, zu deinem von Gott bestimmten Ziel.

Dein Glaube ist ausreichend. Gott gab dir genug Glauben. Es ist nicht so, dass du weniger hättest, als du brauchst. Tatsächlich hast du mehr, als du brauchst – mehr Unglauben! Wenn du einmal die Tür zu diesem Unglauben schließt, dann wirst du auf dem Wasser gehen!

WILLKOMMEN ZU DEINEM NEUEN LEBEN!

Jesus Christus als Erlöser und Herrn über dein Leben anzunehmen, ist die wichtigste Entscheidung, die du je fällen wirst!

Gottes Wort verspricht: »**Denn wenn du mit deinem Mund Jesus als den Herrn bekennst und in deinem Herzen glaubst, dass Gott ihn aus den Toten auferweckt hat, so wirst du gerettet. Denn mit dem Herzen glaubt man, um gerecht zu werden, und mit dem Mund bekennt man, um gerettet zu werden**« (Röm 10,9–10). »Denn: ›**Jeder, der den Namen des Herrn anruft, wird gerettet werden**‹« (Röm 10,13).

Gott hat durch seine Gnade bereits alles getan, um Errettung bereitzustellen. Alles, was du tun musst, ist, zu glauben und zu empfangen.

Bete laut: ***»Jesus, ich bekenne, dass du mein Herr und Retter bist. Ich glaube in meinem Herzen, dass Gott dich von den Toten auferweckt hat. Im Glauben an dein Wort empfange ich jetzt die Errettung. Danke, dass du mich erlöst hast!«***

Genau in dem Moment, in dem du dein Leben Jesus Christus übergibst, geschieht die Wahrheit seines Wortes augenblicklich in deinem Geist. Jetzt, wo du wiedergeboren bist, gibt es ein völlig neues »Du«!

Als sein Kind will dir dein liebender himmlischer Vater die übernatürliche Kraft geben, die du zum Leben dieses neuen Lebens benötigst.

»Denn jeder, der bittet, empfängt; und wer sucht, der findet; und wer anklopft, dem wird aufgetan. … wie viel mehr wird der

Vater im Himmel [den] Heiligen Geist denen geben, die ihn bitten!« (Lk 11,10.13).

Alles, was du tun musst, ist bitten, glauben und empfangen.

Bete: ***»Vater, ich erkenne, dass ich deine Kraft brauche, um dieses neue Leben zu leben. Bitte erfülle mich mit deinem Heiligen Geist! Im Glauben empfange ich genau jetzt! Danke, dass du mich taufst! Heiliger Geist, du bist willkommen in meinem Leben!«***

Gratuliere – du bist jetzt mit Gottes übernatürlicher Kraft erfüllt!

Einige Silben einer Sprache, die du nicht kennst, werden nun aus deinem Herzen zu deinem Mund aufsteigen. Wenn du sie im Glauben laut aussprichst, setzt du Gottes Kraft in deinem Innern frei und erbaust dich selbst im Geist (1Kor 14,4.14). Du kannst das überall und zu jeder Zeit tun!

Es spielt wirklich keine Rolle, ob du irgendetwas gespürt hast oder nicht, als du den Herrn und seinen Geist empfangen hast. Wenn du im Herzen geglaubt hast, dass du empfangen hast, dann verspricht Gottes Wort, *dass* du es empfangen hast. **»Darum sage ich euch: Alles, was ihr auch immer im Gebet erbittet, glaubt, dass ihr es empfangt, so wird es euch zuteilwerden!«** (Mk 11,24). Gott ehrt immer sein Wort – glaube es!

Bitte kontaktiere mich, wenn du eines der beiden oder beide Gebete gebetet hast. Ich möchte mich mit dir freuen und dir ein kostenloses Geschenk senden, das dir helfen wird, deine Beziehung zum Herrn zu verstehen und darin zu wachsen. Es ist einfach meine Art zu sagen: *»Willkommen zu deinem neuen Leben!«*

ÜBER DEN AUTOR

Das Leben von **Andrew Wommack** wurde für immer verändert, als er am 23. März 1968 der übernatürlichen Liebe Gottes begegnete. Seit vielen Jahrzehnten bereist Andrew Amerika und die Welt und lehrt die Wahrheit des Evangeliums. Seine tiefe Offenbarung von Gottes Wort vermittelt er mit Klarheit und Einfachheit. Dabei legt er seinen Schwerpunkt auf Gottes bedingungslose Liebe und das Gleichgewicht zwischen Gnade und Glauben. Durch seine täglichen *Gospel-Truth*-Fernsehsendungen, die sowohl in den USA als auch international ausgestrahlt werden, erreicht Andrew Millionen von Menschen. 1994 gründete er das *Charis Bible College* (Charis) und hat seither Charis-Standorte in verschiedenen Großstädten Amerikas und weltweit eröffnet. Andrew Wommack hat eine Fülle an Lehrmaterial in gedruckter Form und im Audio- und Videoformat veröffentlicht, von denen die meisten kostenlos von seiner Website abgerufen werden können.

Du kannst Mitarbeitern von Andrew Wommack entweder schreiben, mailen oder sie anrufen:

Andrew Wommack Ministries gGmbH
Berner Str. 81, 60437 Frankfurt am Main, Deutschland
info@andrewwommack.de | 069 643578 50
Gebets-Hotline: 069 643578 578
www.andrewwommack.de

CHARIS
BIBLE COLLEGE
Verändere dein Leben.
Verändere die Welt.
Erfahre mehr über das Charis Bible College unter charisbiblecollege.de oder schreib uns eine E-Mail an info@charisbiblecollege.de oder ruf uns an unter +49 69 643 578 540.
Das Charis Bible College hat Standorte in den Vereinigten Staaten und rund um den Globus. Um den Campus in deiner Nähe zu finden, besuche CharisBibleCollege.org/campus-locations

Andrew Wommack

Heilung: Gottes Wille für dich

Jesus hat den Preis für unsere Heilung ebenso bezahlt wie für die Vergebung unserer Sünden. Erfahre, was Gott uns bereits durch seine bedingungslose Liebe und Gnade zur Verfügung gestellt hat, und lass dir häufige Fragen beantworten. Heilung ist ein zentraler Teil von Jesu Erlösungswerk.

168 Seiten, Paperback

Andrew Wommack

Du hast schon alles, was du brauchst

Du hast bestimmt schon einmal gedacht: *Ich tue doch alles, was ich kann, um den Sieg zu erleben – warum nur klappt es nicht?* Damit stehst du nicht alleine. Gottes Antwort basiert nicht auf dem, was *du* tun musst, sondern auf dem, was *Jesus* getan hat! Erkenne die Wahrheit – und werde frei!

236 Seiten, Paperback

Andrew Wommack

Begrenze Gott nicht

Kannst du Gott begrenzen? Gottes Wort sagt: Ja, kannst du – und du machst es! Andrew beschreibt, inwiefern er es tat und wie er diese Begrenzung aufhob. Lerne von seiner inspirierenden Geschichte und aus der Bibel, wie es geht, und gelange zu einer neuen Sicht auf Gott und dich selbst.

120 Seiten, Paperback

Andrew Wommack

Ein verhärtetes Herz

Ein verhärtetes Herz verhindert, dass wir die Stimme des Herrn hören und uns in unserem Alltag von ihm leiten lassen. Der Zustand unseres Herzens hängt davon ab, worauf unsere Aufmerksamkeit gerichtet ist. Verschaffe dir Klarheit über das Verhältnis von Glauben und Unglauben zueinander.

96 Seiten, Paperback